# HISTOIRE
### DE LA
# Caricature
## SOUS LA RÉFORME ET LA LIGUE
—LOUIS XIII A LOUIS XVI—

PAR

## Champfleury

—

PARIS
E. DENTU, ÉDITEUR
*Libraire de la Société des Gens de lettres*
PALAIS-ROYAL, 17 ET 19, GALERIE D'ORLÉANS

L'HABIT NE FAIT PAS LE MOINE.
D'après un manuscrit du XVIe siècle de la Bibliothèque nationale.

# HISTOIRE

DE LA

# CARICATURE

SOUS LA RÉFORME ET LA LIGUE

— LOUIS XIII A LOUIS XVI —

Paris. — Charles UNSINGER, imprimeur, 83, rue du Bac.

# AVERTISSEMENT

En livrant au public le cinquième et dernier volume d'une histoire qui n'a pas demandé moins de dix-huit ans d'exécution[1], je crois devoir donner quelques explications. Ce qui a déterminé les lenteurs de l'entreprise tient surtout aux points nouveaux qu'il s'agissait de fixer. Si, en de certains cas, il est facile de faire un livre à l'aide d'autres livres, un grand nombre de matériaux fon-

---

[1] Les premiers articles sur la Caricature antique ont paru en 1862 dans la *Gazette des Beaux-Arts*.

damentaux manquait dans l'ordre des recherches actuelles et tout écrivain, qui n'eût point eu l'amour de son sujet, se fût facilement dégoûté de sa tâche.

Toutefois deux érudits à l'étranger avaient tourné autour de l'idée, Malcolm [1] en Angleterre, Flögel [2] en Allemagne ; mais leurs travaux trop condensés embrassaient un trop vaste horizon, le choix des planches laissait à désirer et la France triomphait facilement lors de la publication du *Musée de la Caricature* [3],

---

[1] Malcolm. *The historic alsketch of the art of caricaturing.* Londres, 1813, in-4°.

[2] *Flögel's Geschichte des Grotesk-Komischen*, revue par F. Ebeling. Leipzick, 1862, in-8°.

[3] *Musée de la Caricature ou Recueil des Caricatures les plus remarquables publiées en France depuis le XIV<sup>e</sup> siècle jusqu'à nos jours, pour servir de complément à toutes les collections de Mémoires, calquées et gravées à l'eau-forte sur les épreuves originales du temps, d'après les manuscrits et gravures de la Bibliothèque royale, du cabinet de M. Constant Leber et des différentes collections d'amateurs,* par E. Jaime, avec un texte historique et descriptif, par MM. Brazier, Brucker, Capo de Feuillide, Charles Nodier, E. Jaime, Jules Janin, Léon Gozlan, Léon Halévy, Louis Reybaud, Michel Masson, Ourry, Paulin Paris, Philarète Chasles, Rolle. Paris, Delloye, 1838, 2 vol. in-4°.

quoique des broderies littéraires, plus agréables que solides, fournissent la trame de certaines notices de ce recueil.

Il fallut l'insistance apportée aux recherches archéologiques modernes pour démontrer combien d'intéressants matériaux historiques inédits pouvaient être recueillis sur le terrain de la parodie.

En même temps que j'esquissais mes travaux dans les revues paraissait également par morceaux détachés, dans l'*Art-Journal*, en Angleterre, l'ouvrage du savant archéologue Wrigth, A *history of caricature and of grotesque in litterature and art* [1]. Les deux publications, celle de M. Wrigth et la mienne, marchaient parallèlement sans pouvoir se prêter aide ni matière à rectifications. Aussi bien le plan des ouvrages n'était pas le même; comme l'Allemand Flögel, M. Wright envisageait la littérature dans ses rapports avec l'art : non sans raison, il montrait les attaches, l'influence de l'une

---

[1] L'édition en librairie ne fut publiée, à Londres, qu'en 1865.

sur l'autre. Nous possédons en France tant de travaux sur la littérature satirique du passé, et il en paraissait de si directs à l'époque où j'entrepris mes études[1] que je crus devoir m'en tenir aux seules manifestations de l'art.

Le livre de M. Wright n'obtint en France qu'un succès modéré, quoiqu'il fût consciencieusement traduit. M. Wright décrivait les caricatures avec réserve, en archéologue désintéressé, ne faisant peut-être pas corps suffisant avec les satiriques. J'estime que pour traiter un sujet archaïque et épouser la cause d'artistes qui n'ont pas été payés de leurs efforts, une certaine sympathie est nécessaire.

Je laisse de côté les peintres de l'antiquité dont la vie, de même que celle des imagiers du Moyen-Age et de la Renaissance, nous est inconnue; mais, en prenant pour point de départ la fin du XVIII<sup>e</sup> siècle et l'époque contemporaine, je vois Goya, le satirique et pas-

[1] Voir Lenient, *la Satire en France au moyen-âge;* — *la Satire en France ou la Littérature militante au XVI<sup>e</sup> siècle*, 2 vol., 1859-1866.

sionné auteur des *Caprices,* mourir à Bordeaux, exilé d'Espagne.

Gillray, l'impitoyable adversaire de la Révolution française et de Napoléon, finit à Londres dans une maison d'aliénés.

Cruishanck eût végété dans la misère à Londres, si une souscription publique n'avait subvenu aux besoins de ses vieux jours.

J'ai assisté aux derniers mois de la vie d'Henry Monnier. La gêne et la maladie se tenaient à ses côtés. Le public était ingrat pour l'artiste qui, sous trois formes, celle du peintre, de l'écrivain, du comédien, s'était donné pour tâche de divertir ses contemporains [1].

A la fin de l'Empire un ministre fit offrir la croix à Daumier; il la refusa dignement, sans bruit, sans étalage de désintéressement. Il n'en mourut pas moins dans la gêne, aveugle comme Goya, isolé dans un village des environs de Paris.

Ces railleurs finissent mal. Le public, qui

---

[1] Voir mon étude : *Henry Monnier, sa vie, son œuvre.* Paris, Dentu, 1879, in-8°.

veut être vu en beau et qui n'aime pas qu'on regarde de trop près ses verrues physiques et morales, se venge.

Et pourtant les sympathies qu'on peut porter à ceux des rieurs de l'humanité que leurs aspirations rendent méditatifs, ne peuvent s'appliquer à tout dessinateur qui tient un crayon satirique. Il entre une trop grande part de petit et de mesquin dans le ricanement par métier : c'est une arme cruelle aux époques de luttes entre les citoyens, et souvent le trait d'union est court d'une méchante caricature à une mauvaise action.

Hegel disait :

> L'ironie est le principe en vertu duquel tout ce qui est réputé grand et vrai pour l'homme, le bien, le juste, la morale, le droit, est représenté comme n'ayant rien de réel, rien de sérieux.

Oui, cela est positif, l'ironie agressive et incessante, qui ne puise pas son sentiment aux sources de l'enthousiasme et de la défense des opprimés, n'offre guère plus d'intérêt que la vue d'un roquet salissant le mur d'un monument.

La question, toutefois, offre une autre face, et des esprits graves s'en sont occupés :

> La caricature n'est assurément pas empreinte du caractère idéal ; cependant elle suppose le sentiment de l'idéal. Si la laideur choque l'artiste, c'est qu'elle étend comme une ombre sur la beauté dont son regard intérieur contemplait la pure lumière [1].

Je me suis efforcé de tenir la balance droite entre ces deux formes, et j'espère qu'il en résulte un certain nombre de faits présentés avec impartialité, pouvant servir dans l'avenir aux écrivains désireux d'approfondir ces études. Aussi bien elles se poursuivent en divers endroits. Un Américain, M. James Parton, qui continue ces recherches [2], a rendu justice à mes travaux par des citations et des emprunts de planches, mais dans la mesure qui convient à la loyauté intellectuelle.

On a compris à l'étranger que de semblables études, d'apparence futiles, pouvaient ne pas

---

[1] Gebhart. *Essai sur la peinture de genre dans l'antiquité.*
[2] *Caricature and other comic art in all times and many lands.* New-York, 1877, in-4º.

être traitées à la légère. J'en prendrai pour exemple l'*Histoire de la Caricature antique*, l'*Histoire de la Caricature au Moyen-Age et sous la Renaissance*, dont trois éditions avec de nouveaux documents et des dessins inédits ont été données successivement. Le public, qui me suivait dans cette voie, ne m'imposait-il pas des retouches, des révisions pour ne pas rester en arrière des découvertes archéologiques?

Je trouvais, il est vrai, dans mon éditeur et ami, M. Edouard Dentu, un concours absolu pour ces coûteuses améliorations, et Henri Estienne eut certainement attaché à son imprimerie un lettré modeste, M. Gabriel Dentu, qui m'a constamment aidé de ses conseils dans la révision des textes et des épreuves.

Divers artistes ont prêté leurs crayons à cette entreprise, particulièrement M. Charles Kreutzberger; il a rendu, autant qu'il lui a été possible, dans leur intégrité et avec leur accent divers, les monuments et les gravures du passé. Je dois, en outre, des remercîments à MM. Alfred Darcel, Léon Gaucherel et J. Adeline qui m'ont fourni de curieux dessins inédits; mais c'est à titre de douloureux souvenir que je mentionne deux autres collaborateurs, amis et aimés, M. Viollet-Le-Duc, M<sup>me</sup> Marie Champfleury dont ce volume contient les dernières reproductions.

Il serait injuste d'oublier deux revues importantes, la *Gazette des Beaux-Arts* et l'*Art* qui ont facilité mes essais en me permettant d'améliorer le premier jet et en en donnant un avant-goût à leurs nombreux lecteurs.

J'entrevois, d'ici à quelques années, l'utilité d'un épilogue pour compléter cette publication. L'Orient n'y figure pas, non par oubli, mais les divers matériaux que j'ai recueillis sont encore incomplets. Cinq volumes sont suffisants actuellement et l'auteur aspire à terminer par le trait le plus concluant, le plus spirituel de tout livre, le mot

# HISTOIRE DE LA CARICATURE

SOUS

# LA RÉFORME ET LA LIGUE

## CHAPITRE PREMIER

### LOUIS XII, FRANÇOIS Ier, FRANÇOIS II

On pourrait dire qu'historiquement la caricature commence en France à la fin du xvᵉ siècle si une seule planche y tenait lieu d'une avant-garde de l'armée des burins turbulents de la Réforme.

Les iconographes s'accordent pour placer en 1499 la gravure du *Revers du jeu des Suisses*, qui traduisait sous une apparence intime la grave question de la conquête du royaume de Naples. C'est aux cartes que se joue l'importante partie ayant pour partenaires Louis XII, Henri VII d'Angleterre, le pape Alexandre VI, le doge de Venise, l'infante Marguerite et les Suisses, les plus perplexes de l'issue du jeu. Soutenus par les Pays-Bas et l'Angleterre, les Suisses qui avaient annoncé l'intention de s'opposer à l'entreprise de Louis XII sur le royaume, n'opposèrent cependant aucun obstacle sérieux à l'expédition française.

Ce sont les intérêts divers de ces personnages que la gravure a représentés un peu froidement. Tout l'esprit est dans l'idée du jeu de cartes; à ce jeu de diplomates manquent l'astuce, la réserve, l'attention, la finesse de physionomies que l'art ne devait traduire que beaucoup plus tard. Il faut se contenter alors d'une parodie d'intention et le *Revers du jeu des Suisses* est traité un peu solennellement, comme un carton de tapisserie.

« Sous l'heureux règne de Louis le douzième, nouveau César, la nation tout entière se réjouit ». Telle est la légende d'une médaille à l'effigie du Roi, offerte en 1499 par la ville de Lyon à Anne de Bretagne.

Au nombre des principes libéraux dont le peuple sut gré à son chef, il faut citer la politique du monarque vis-à-vis du pape. La France avait été mise en interdit par Jules II, d'où la formation en 1511 d'une coalition dite « la sainte Ligue », dans laquelle entra Henri VIII, roi d'Angleterre.

Klotzius appelle satirique une médaille que fit graver à ce sujet Louis XII en 1512; mais le burin de cette médaille est timide et manque de la liberté que le roi laissait aux « Enfants sans-soucis et aux autres confréries qui mêlaient au rire les choses morales et bonnes démonstrations. »

Le poète Pierre Gringore profitait des querelles entre le roi de France et le pape pour donner la première pièce aristophanesque en France : le *Jeu de Mère sotte*. L'Église, c'est la *Mère Sotte*, le pape, l'*Homme Obstiné* et un des personnages dit à l'Église :

> « Vos Prelatz font ung tas de mynes
> Ainsi que moynes regulliers ;
> Mais souvent, dessoubz les courtines
> Ont créatures femynines,
> En lieu d'heures et de psaultiers...
> L'Église a de maulvais pilliers. »

Les poètes me font penser à un homme qui, mangeant un morceau de pain, en laisse tomber quelques miettes à terre ; à l'instant même s'élancent, on ne sait d'où, des moineaux pour becqueter ces miettes. Que la moindre parcelle de liberté soit accordée, arrive un rimeur qui s'en empare.

Louis XII, du reste, ne craignait pas les conséquences de cette liberté, dussent-elles tourner contre lui-même. Pendant son règne, des comédiens représentèrent une comédie dans laquelle l'auteur raillait la parcimonie royale qui touchait à l'avarice. A ses conseillers qui parlaient de châtiments à exercer contre ces hardis comédiens, Louis XII répondit : « Ils peuvent nous apprendre des vérités utiles. Laissons-les se divertir, pourvu qu'ils respectent l'honneur des dames. Je ne suis pas fâché que l'on sache que, sous mon règne, on a pris cette liberté impunément. »

C'est donc au théâtre, dans les facéties, qu'il faut chercher une satire des mœurs du temps. La caricature est à l'état latent ; toutefois le peuple la sent poindre en lui, comme on le verra plus loin par un fait touchant les mœurs de François I$^{er}$.

En attendant que des graveurs burinent un drame d'un trait, un grand caricaturiste, le plus bouffon et le plus profond qui ait existé, Rabelais la fait pressentir abondante, forte et hardie dans son roman, et grâce à la protection de François I$^{er}$ à qui il avait été recommandé par les Du Bellay, la France fut dotée d'une de ces œuvres singulières que l'Europe nous envie.

Ce n'est pas que Rabelais ménageât la royauté ; le chapitre dans lequel Grandgousier raconte à Picrochole les horreurs de la guerre n'annonce pas un courtisan.

Ces diables de rois, dit Panurge, ne sont que veaux et ne savent ni ne valent rien, sinon à faire des maux ès pauvres sujets, et à troubler tout le monde par guerre pour leur inique et détestable plaisir.

Mais Rabelais ne faisait que continuer les hardiesses de Rutebœuf, d'Adam de la Halle, de Jean de Meung, d'Érasme.

Les rois n'écoutent que leurs flatteurs. Ils croient que, pour être véritablement rois, il ne faut que chasser, avoir de bons

LA MORT, LA GUERRE, LA PAUVRETÉ, LA FEMME
D'après un dessin du manuscrit de Catherine de Médicis.

chevaux, faire argent des magistratures et des gouvernements, inventer de nouveaux moyens de pomper la substance du peuple, en alléguant des raisons spécieuses pour donner couleur de justice à la vexation, et en faisant dans le préambule quelque compliment au peuple pour l'amadouer.

Ainsi disait l'auteur du livre de *la Folie*, ce qui n'empêchait pas François Ier de faire des propositions au savant de Bâle pour s'engager à professer les humanités au Collége Royal, dit des trois langues, fondé en 1517.

Également Rabelais put livrer carrière à toutes ses facéties anti-monacales; il ne se montra réservé que vis-à-vis la Réforme. C'était là le point capital. Ceux qui voulaient vivre tranquilles ne devaient pas pactiser avec la Saxe non plus qu'avec Genève. Malgré la hardiesse de ses allusions, Rabelais se prononça contre la Réforme, telle que l'entendait Calvin; aussi on se demande s'il n'y a pas là antipathie de tempérament contre ce réformateur, car Rabelais ne parle pas des Luthériens; c'est dans son roman qu'il accole ensemble « *les moines putherbes, cafards, chattemittes et les pistolets de Genève, les démoniacles Calvin.* »

On appellerait aujourd'hui Rabelais *opportuniste;* mais sans cette concession de peu d'importance aurions-nous le *Gargantua?* Aurions-nous *Tartuffe* sans les deux vers que Molière adresse à Louis XIV, « ce prince, ennemi de la fraude? »

La part faite à la protection que François Ier accorda aux lettrés de son temps ne doit pas faire oublier son excessive galanterie qui poussait Tavannes à écrire dans ses *Mémoires :* « Alexandre voit les femmes quand il n'a point d'affaires, François voit les affaires quand il n'a plus de femmes. »

De tout temps les peintres et les sculpteurs se sont plu à figurer, à l'exemple des anciens, des bacchanales au milieu desquelles la statue de Priape est portée en triomphe ; mais les galeries historiques de Versailles manquent d'un tableau allégorique où seraient représentées les galanteries du roi-chevalier. Le peuple d'alors retraça ce tableau à sa façon, un peu crue et grossière ; toutefois le vieux chroniqueur savoisien, François de Bonnivard, a cru devoir mentionner, entre 1530 et 1550, cette satire en action qui se déroulait en pleine rue :

Luy mesme [François premier], il estoit libéral, magnanime, humain, et bref en touttes vertus accompli hormis qu'il étoit subiect à volupté, et en sa jeunesse fit maints excès à gentz particulierz dommageables, car il alloit de jour et de nuit en masque riblant çà et là, frappant et battant cestuy et l'autre ; mais il se chastoia en aage vieilli, hormis des femmes, (car il y fut subject depuys le berceau jusques à la mort), auxquelles il donnoit tout ce qu'il avoit, en sorte que par ses dons excessifs du commencement de son royaume (règne), force lui fut de casser xij c (1200) hommes d'armes pource que l'on ne trouvoit de quoi les payer, sus quoy (ce dont) la bazouche de Paris fut esmeue de jouer une telle farce.

Ils firent tailler un gros membre d'homme qu'ils corouèrent, mirent sus une charrette et alloient luy donnant du fouet par tous les quarrefourz et avoient aposté des gens qui leur disoient :

— « Mes amis, à qui est ce paouvre v... que allez ainsi fouettant, et en quoi a-t-il mesfaict? » Ils répondirent : — « C'est le v... du roy qui a bien mérité le fouet et pis. — Come, disoient les autres, a-t-il chevauché sa cousine? — Il a bien faict pis, répondoient-ils [les clercs de la basoche]. — Coment, a-t-il chevauché sa sœur? — Pis. — Par aventure sa mère? — Encore pis. — Est-il par hasard bougre? — Encore pis. — Quel gros crime a-t-il donc commis? — Il a chevauché douze cents hommes d'armes », dit-on par conclusion.

Cette anecdote ne tient-elle pas lieu des caricatures qui font défaut à l'époque?

On trouve plus tard dans l'œuvre des graveurs allemands et français des représentations dont on a peine à démêler le sens confus, malgré les légendes. La pensée satirique n'a pas trouvé son laminoir; elle est à l'état de métal plein de scories. Je n'en saurais donner un meilleur exemple que par le récit suivant de De Thou, qui témoigne des sentiments du peuple vis-à-vis de la royauté dans le règne qui suivit.

Le roi François II, dit de Thou, étant sur le point de quitter Amboise, résolut par le conseil des Guises de faire son entrée à Tours. Il arriva une chose que les habitants disoient être l'effet du hasard, quoique je pense le contraire. Un boulanger équipa de cette manière son fils qui vouloit voir le Roi : il couvrit de la mante de sa femme un âne dont il se servoit pour aller au moulin; il mit dessus son fils, qui avoit un bandeau sur les yeux et un casque de bois sur la tête. On voyoit sur ce casque un petit oiseau assez semblable à un perroquet, qui avoit la tête rouge et qui becquetoit souvent l'aigrette du casque de l'enfant. Deux jeunes gens, qui représentoient des Ethiopiens, ayant des habits étranges et le visage barbouillé de noir, conduisoient l'âne, tenant chacun une des rênes de la bride. Tous disoient que cette représentation étoit une vive image de l'état du royaume, gouverné par un roi encore enfant, et qui avoit pour ministres des étrangers qui l'avoient rendu aveugle.

Ne dirait-on pas un mystérieux détail de peinture de manuscrit, ou un de ces anciens tableaux

Détail d'un manuscrit flamand de 1542, appartenant à la Bibliothèque de Cambrai.

fortement enluminés, qui défient l'esprit d'y accoler une interprétation sensée ?

Une des premières estampes satiriques, la seule qui offre quelque clarté, est malheureusement inconnue. Après la mort du roi, une image fut répandue, représentant François II enfermé dans la bourse du cardinal de Lorraine. Sous le burin la légende : « *Le feu roy François le deuxième, lequel le cardinal tenoit en sa bourse, le laissant quelquefois mettre dehors la teste ou les mains* [1]. »

---

[1]. Cette pièce historique, mentionnée dans les *Mémoires de Condé*, a échappé à tous les chercheurs.

## CHAPITRE II

### LES FEMMES SOUS CHARLES VIII ET LOUIS XII

Elle ne serait pas difficile à former une bibliothèque d'ouvrages anciens relatifs à la nature de la femme, à ses passions, ses vices, ses malices, ses exigences en matière de toilette, ses tendances à la suprématie conjugale : les chroniqueurs, les poètes, les conteurs, les satiriques des xv$^e$ et xvi$^e$ siècles ont abusé des variations sur ce thème ; mais les monuments sculptés, peints ou gravés sont plus rares.

Il reste de ces époques des livres qui sont presque des chefs-d'œuvre, *les Quinze joies de mariage,* pour ne parler que de celui-là. L'art y met moins de finesse. La femme porte sa part de la rudesse de cette époque ; elle n'est pas traitée avec égards par le ciseau des imagiers, et la plupart des délicatesses que mêlent à leur touche les écrivains les plus hostiles à la race féminine, font défaut aux représentations graphiques du commencement du xv$^e$ siècle jusqu'au milieu du siècle suivant.

Je prends pour type un poème assez rare qui servit de thème au sieur d'Amerval pour s'appesantir sur l'abus du décolletage des femmes de son temps : *S'ensuyt la grânt Diablerie qui traicte comment Sathan faict démonstrance à Lucifer de tous les maulx que les mondains font selon leurs estatz, vacations, mestiers et marchandises, et comment il les tire à dampnation par infinies cautelles*, etc., etc.[1]

Suivant Éloy d'Amerval, les dames de la cour de Charles VIII et de Louis XII étaient :

> . . . . . . . Tant descouvertes
> Qu'on les veoit toutes ouvertes
> Jusqu'au dessoubz de la poitrine.

Le poète cite encore :

> . . . . . . . . . . Un espace
> Faict en manière de croissant
> Qui va fort ma joye accroissant,
> Car il est faict trop à l'amy,
> Et descouvre ainsi qu'à demy
> Les gracieuses tetinettes
> Tant tendrettes et satinettes
> Soubz corcelettes deslyées.....

Tous ces détails, enregistrés complaisamment par un regardeur de près, sont plutôt aimables que satiriques. Il est vrai que c'est Satan lui-même qui parle

---

1. In-4º. S. D. Réimprimé sous le titre, *le Livre de la Diablerie*, par maître Eloy d'Amerval. Paris, Lenoir, 1508, in-fº. Got.

ainsi de cette chair concupiscente, qu'il attise le feu autour et qu'il y trouve son compte.

> Je regarde une savetière
> Porter ung estat maintenant
> Aussi pompeux et advenant
> Que une notable bourgeoise,
> Aussi je n'y metz point grand noise ;
> Il me plaist bien qu'il soit ainsi.

Satan, les flammes de l'enfer promises en 1508, n'étaient déjà plus de ces épouvantails qui troublaient la femme des siècles précédents. La troublèrent-ils jamais beaucoup? La beauté ne se repent guère que quand elle est éclipsée : la jeunesse a des grâces d'état qui ne s'envolent qu'à la vieillesse. Il est toujours temps de faire carême de galants et de toilettes.

Dans le même poème, Lucifer demande à Satan si les maris sont satisfaits de la « pompe » de leurs moitiés.

> Je te dy qu'ils en sont encorre
> Dix fois plus contens que leurs femmes ;
> Ils se tiendroient pour infâmes
> S'ils ne les veoyent polyes,
> Gentes, mignones et jolyes.
> C'est tout leur désir et leur bien.
> Les plusieurs dont je me ry bien,
> Que je ne veuil pas corriger,
> Sont huy contens de manger
> Leur beau pain tout sec et boire eau,
> Et porter robes de bureau,
> Ou d'autre drap meschant et mesgre,
> Voire fourrées de vinaigre,
> Pour faire [leurs femmes] fringantes.

Bonnes pâtes d'hommes, se privant de tout pour « faire leurs femmes fringantes », lesquelles récompenseront ces maris aveugles par le cadeau d'un appendice conjugal que le sieur d'Amerval n'appelle pas encore cornu, mais qui est tout comme :

> Plus voyant qu'ils [les femmes] sont bien vestues,
> Plus d'un cretés comme laitues.

L'auteur des *Quinze joies de mariage* apporte dans ce même sujet conjugal plus de malice que le poète.

Fac-similé d'un dessin du *Livre des amis*, manuscrit du xvi° siècle, détruit, de la Bibliothèque du Louvre.

Il n'a besoin d'évoquer ni Satan ni l'enfer, il a à son service une nature satirique qui porte plus loin, pénètre jusqu'au cœur de la femme et montre jusqu'où entraînent ses troubles.

En ce sens un sujet est à détacher de l'édition de Rouen, dont le frontispice représente une bande de fous nageant autour d'une nasse à l'intérieur de laquelle se trouve une femme. Il en vient de tous côtés ; cette nasse est comme un port de salut et la souveraine qui l'habite est bien tentante.

Que dit à cela le conteur? Son éternel refrain qui clôt chacun de ses chapitres : « Le pauvre homme est dans la nasse, et s'il n'y estoit il ne fineroit jamès jusques ad ce qu'il y fust entré. Et ainsi sera en languissant tousjours, et finera misérablement ses jours. »

*Les Quinze joies de mariage* avaient du succès ; la vignette caractérisait bien la nature de l'ouvrage. On la trouve copiée à la main dans un de ces livres manuscrits assez communs au xvi<sup>e</sup> siècle, le *Livre des amis*, dont un exemplaire faisait partie de la Bibliothèque du Louvre avant sa destruction par les incendies de la Commune.

Ce recueil fut entrepris entre 1565 et 1584 pour deux frères allemands, Georges-Christophe et Othon de Riesham ou Reitheim[1]. Georges fit ses études universitaires à Louvain, puis à Strasbourg, tandis que son frère séjournait en France en 1586, à Lyon et à Paris. Ces détails biographiques, quoiqu'ils se rapportent à deux jeunes gentilshommes qui n'ont

---

1. Voir A. Darcel. Les livres des amis, *Gazette des Beaux-Arts*, III, 1859. Voir également Aug. Bernard, *Geofroy Tory*.

pas laissé un grand renom dans l'histoire, offrent un intérêt de détail. Par les dessins qu'ils faisaient copier dans leur Livre d'amis, on peut inférer quels étaient les sujets à la mode à l'époque de leur voyage. C'est ainsi que nous retrouvons une chasse à l'homme très piquante.

Fac-similé d'un dessin du *Livre des amis*, manuscrit de la Bibliothèque du Louvre.

Deux femmes se tiennent aux aguets dans une petite cabane, après avoir tendu leurs filets au dehors pour prendre les hommes. Autour du filet sont un certain nombre de cages renfermant des têtes de femmes en guise d'appeaux. Un homme d'un certain âge, un jeune homme et un fou se sont laissé prendre dans le filet; mais blottis dans les branches d'arbres voisins, deux êtres résistent à cet appel, un jeune seigneur et un moine. Au dessous de ce dessin on lit : « *Sic Venus a tota gente tributa petit.* »

C'est la même idée que les graveurs du xviie siècle reprirent sous le titre de l'*Arbre d'amour*, que les potiers de Nevers vulgarisèrent au xviiie siècle sous forme de saladiers [1] et qui devint plus tard classique à Épinal.

Le même *Livre des amis*, dont les dessins furent recueillis entre 1565 et 1584, montrait encore un juge sur son siège, conseillé à droite par un ange, à gauche par le diable; mais je ne cite ce dessin satirique que pour mémoire, le livre ayant été détruit. Il est fâcheux que M. Darcel, à qui on doit ces calques, n'ait pas copié un autre dessin représentant un pauvre homme péniblement courbé en tenant la quenouille, tandis que sa femme se fait porter commodément assise sur son dos en filant à son aise. On aurait là une sorte de pendant à la fameuse et légendaire dispute de la culotte.

Comme le débat de la suprématie entre l'homme et la femme est d'essence éternelle depuis le commencement du monde, il donna naissance à nombre de fabliaux, de contes, de sotties, de représentations sculptées et gravées.

---

1. Voir une reproduction fac-simile dans mon *Histoire des faïences patriotiques*, 3e édit. E. Dentu, 1875, 1 vol. in-18.

Une des stalles de la cathédrale de Rouen, qu'a bien voulu dessiner à mon intention mon ami J. Adeline, l'érudit auteur des *Sculptures grotesques et symboliques de la Normandie,* nous fournit par son bas-relief taillé sur la miséricorde un des types les plus nettement accusés de ce débat.

— Qui portera la culotte? se demandait en souriant l'imagier qui, à la maison, était peut-être condamné à la laisser aux mains de sa femme.

Assis dans sa stalle, le chanoine lisait l'office d'un air distrait, heureux de ne pas se disputer en rentrant chez lui, pour la possession de cette culotte, avec quelque mégère jalouse des droits de l'homme.

On s'est demandé, et on se demandera encore plus d'une fois, comment des sujets plaisants, mais un peu bas, trouvèrent place au milieu des merveilles architecturales des monuments religieux. La réponse est facile : Nos aïeux manquaient d'Académies, et, par conséquent, n'étaient pas académiques. Rare qualité. La grandeur d'un monument ne les empêchait pas de faire montre de facétie dans un coin, pas plus que la nature, dans ses vastes forêts, n'empêche la chanson de l'oiseau moqueur. Dante ouvrait ses sombres horizons sur le monde inconnu en même temps que le *Roman de Renart* était lu dans les monastères.

C'est donc librement et sans crainte de reproches que l'imagier dégrossissait sur le bois d'une stalle d'église, la femme qui tire à elle une jambe de la

LA DISPUTE DE LA CULOTTE
Stalle de la cathédrale de Rouen. — Dessin de M. J. Adeline.

culotte en sens contraire de l'autre jambe que réclame le mari. Personne ne veut lâcher : c'est à l'étoffe de céder. Elle se déchirera en deux, et chacun des époux emportera un inutile lambeau, symbole du pouvoir auquel homme et femme attachent tant d'importance.

« La vie domestique au moyen âge, dit à propos de cette stalle de Rouen M. Th. Wright, paraît avoir été, dans son caractère, grossière, turbulente, et je dirais volontiers fort peu heureuse[1]. »

Vie grossière, turbulente, je l'accorde ; « fort peu heureuse » ne m'en semble pas une déduction parfaite. N'est-ce pas au contraire le poli, le réservé de nos mœurs qui rend les ménages modernes moins heureux qu'à l'époque où tout était plus brutal ?

Voyez la femme de Sganarelle dans Molière, au XVIIᵉ siècle, quoique les mœurs commencent à se policer, et entendez-la s'écrier : « Et si je veux être battue ! »

---

1. *Histoire de la Caricature et du grotesque dans la littérature et dans l'art*, trad. par O. Sachot. Paris. In-8°, 1867.

# CHAPITRE III

## UN RECUEIL DE FACÉTIES DESSINÉES AYANT APPARTENU A CATHERINE DE MÉDICIS

Ils sont rares les monuments du XIV${}^e$ au XVI${}^e$ siècle consacrés à la satire des mœurs contemporaines. On les compte ; c'est la *Danse des Morts,* c'est le *Roman de Renart*, un poème, des fresques. Et encore, au début, ces fresques ne prétendaient-elles exprimer que l'égalité prêchée par le Christ : drame grave où personne ne rit, ni la Mort ni ses serviteurs. Plus tard seulement, Holbein et les artistes ses contemporains, séduits par de si frappantes conceptions, y introduisirent un élément sarcastique ; alors la Mort *empoigne* l'empereur et le pape, les grands et les superbes avec une frénésie sarcastique qui répondait au cœur des humbles et des petits ; mais bien avant la venue du peintre de Bâle, les divers poètes qui se succédèrent pour coudre un nouveau chapitre à l'œuvre interminable du *Roman de Renart*, étaient des railleurs plus dangereux, sans respect pour le trône ni l'Église.

Les conteurs avaient donné le branle : l'art plus timide se contenta d'une note dans le grand concert satirique des gens de plume ; une figure grimaçante cachée sous les arceaux des cathédrales, un caprice burlesque mêlé aux délicates ornementations des bordures de manuscrits, sont des témoignages précieux, mais isolés, qui ne peuvent que difficilement servir à peindre une époque.

Il n'en fut pas de même dans les dernières années du xvi<sup>e</sup> siècle. Alors la raillerie se donne entièrement carrière, même avant Rabelais. L'esprit de critique, protestant avant la Réforme, se manifeste librement et sans censure, quoique appliqué à des travaux exécutés pour les princes et les prélats. Une grande latitude était laissée aux peintres et aux sculpteurs ; il leur était permis de se montrer audacieux, frondeurs et d'agir sans gêne.

On a un exemple de cette liberté dans un manuscrit curieux de la Bibliothèque nationale, le seul à ma connaissance qui soit un recueil de miniatures satiriques, et d'autant plus important pour l'histoire des mœurs que, selon toute apparence, il a été exécuté pour Catherine de Médicis.

Ce recueil a pour titre actuel : *Proverbes, adages, allégories du* xv<sup>e</sup> *siècle;* je dis *actuel*, l'indication, ajoutée pour la bibliothèque du duc de La Vallière, à qui le manuscrit appartenait avant d'enrichir les collections publiques, ne prouvant pas que ce titre existât avant l'adaptation d'un dos de maroquin ajusté assez maladroitement à une reliure de velours rouge.

Cette reliure, dont le ton fané indique la date, est particulière aux manuscrits provenant des bibliothèques royales de Blois ou de Fontainebleau et ayant appartenu à Catherine de Médicis [1]. Et on peut regarder comme certain que les miniatures contenues dans le volume passèrent plus d'une fois sous les yeux de cette princesse et les récréèrent.

On m'a parfois reproché d'avoir donné trop d'extension au mot *caricature* et d'en avoir prolongé les racines à des époques où ni le mot ni la chose ne pouvaient s'implanter. Tout dernièrement, un des plus savants archéologues de ce temps, M. Viollet-Le-Duc, insistait sur ce sujet et répétait sensément avec Voltaire qu'on ne saurait trop définir les termes.

« Qu'est-ce donc que la caricature ? » se demandait l'architecte éminent qui, plus d'une fois, avait dû se poser la même question en face des figures tourmentées d'anciennes cathédrales.

La caricature, la charge et la satire écrite ou figurée sont trois choses distinctes. La caricature est une transposition burlesque; ainsi, vêtir un loup ou un renard du froc d'un moine est

---

[1]. C'est l'opinion de feu M. Mabille, employé aux manuscrits. Comme je lui faisais remarquer certaines maladresses dans les contours des figures qui indiquent une copie d'un autre manuscrit, M. Mabille croyait pouvoir affirmer que ces compositions doivent être répétées d'après un maître italien, de l'époque de Louis XII. Les spécimens donnés ici serviront à éclaircir ce point.

une caricature. La charge — le mot l'indique — est l'exagération d'un défaut ou d'une qualité. Faire traîner à un bonhomme son ventre dans une brouette est la charge du personnage à l'abdomen trop volumineux. La satire est la flagellation publique infligée à un vice ou à un travers : montrer un prêtre caressant une jouvencelle, c'est une satire... Ces trois expressions de l'esprit humain ont, il faut le reconnaître, une même origine : le mépris pour les vices et les ridicules et le besoin de marquer ce mépris [1]...

Ce n'est pas sans but que j'ai réuni ces trois formes de raillerie dans le même bonnet ; j'emploie le mot *caricature*, comme l'ont fait depuis un siècle les Anglais et les Allemands pour tout ce qui touche aux monuments artistiques. Panofka, Thomas Wright, qui ont fait preuve d'une érudition considérable dans l'étude de la parodie et des monuments satiriques, me paraissent répondre à la tendance française qui sans cesse cherche à condenser ; instinctivement, je me suis rapproché d'eux et j'espère ne pas être désapprouvé des archéologues en mettant de côté des variantes de mots prêtant à l'équivoque et formant des classifications à mon sens inutiles.

Ce mot *caricature*, qui nous vient de l'Italie et veut dire charge, est maintenant commun à la plupart des langues modernes. On peut l'imposer à toute une série de manifestations diverses, où tour à tour la légende et le contour se prêtent un appui et concourent au même but railleur.

Les proverbes au xve siècle sont des pièces frappées

---

1. Viollet-Le-Duc, *Encyclopédie d'architecture*, janvier 1872.

par le peuple avec un grand soin : c'est là qu'a été pétri le bon sens de la nation. Dans sa concision, un proverbe ne semble avoir rien de commun avec la caricature. Qu'un peintre le commente, alors se révèle la révolte qui parfois y est tapie : le proverbe ainsi traduit peut se rattacher également à l'histoire de la caricature. Et c'est en quoi le recueil ayant appartenu à Catherine de Médicis est particulièrement précieux et fournit de nombreux motifs dont je vais citer les principaux.

*Il ne faut pas se brûler à la chandelle* est le thème qu'a choisi le dessinateur du manuscrit pour indiquer qu'il est dangereux de fréquenter les grands et de vouloir s'élever trop haut; cette allégorie, le peintre l'a rendue saisissante.

Dans ce dessin, un des personnages prend la parole et dit :

> Mait hôme monte sans eschelle
> Jusques au feu pource qu'il luist,
> Comme le papillon de nuit
> Qu'il chet quant il s'est bruslé lesle.

(Maint homme monte sans échelle — Jusqu'au feu parce qu'il luit — Comme le papillon de nuit — Qui tombe quand il s'est brûlé l'aile.)

A ceci un autre personnage non moins prudent réplique :

> On prant du riche la querelle,
> On flate celuy qui a bruit,
> On fait ainsi que se conduit
> Le papillon à la chandelle.

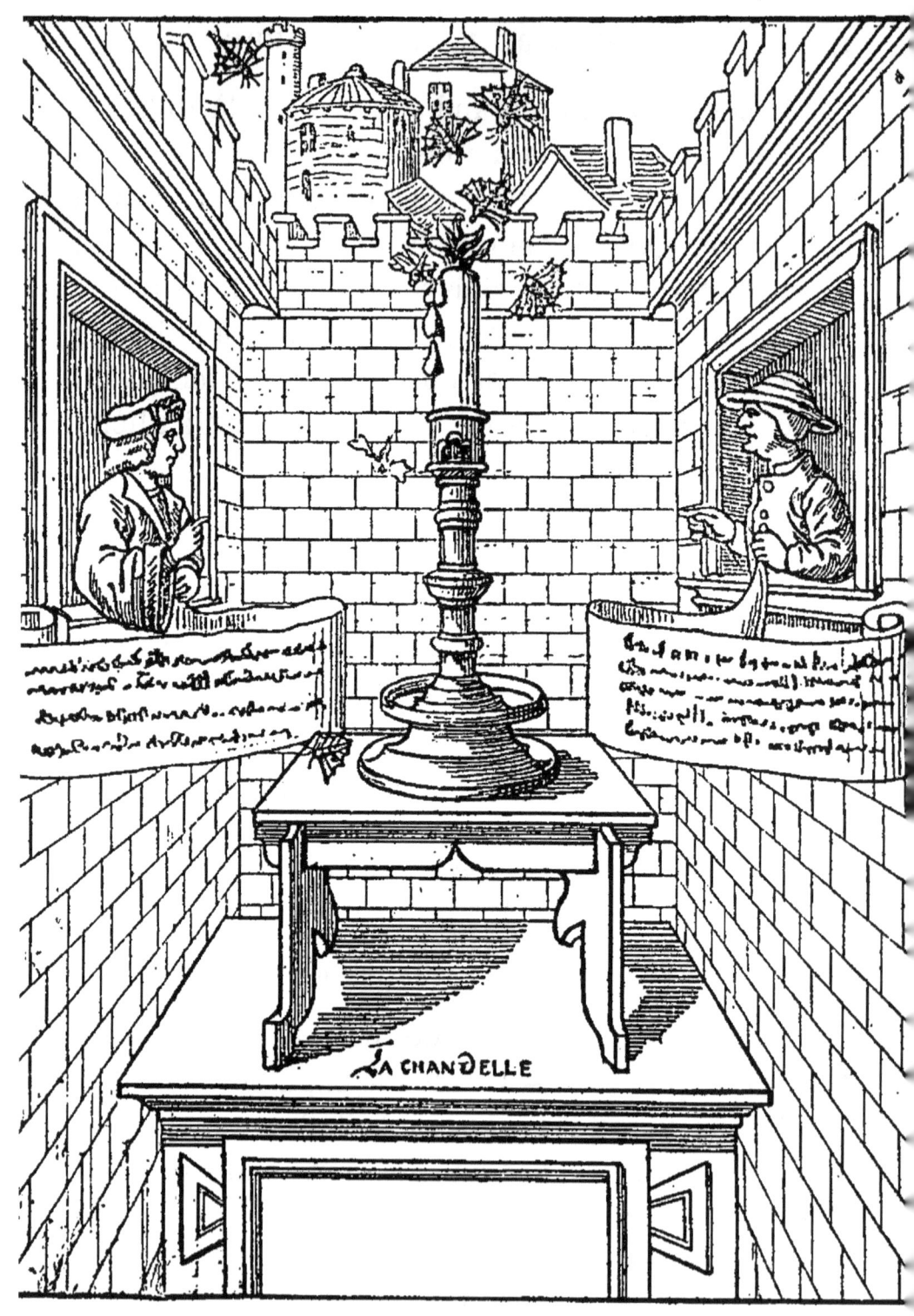

LA CHANDELLE

D'après un dessin du manuscrit de Catherine de Médicis.

(On épouse la querelle des riches. — On flatte celui qui a de la fortune. — On fait de même — Que le papillon avec la chandelle.)

Voilà des gens bien avertis. Mais la chandelle en sait bien plus long, elle qui a vu tant d'êtres se brûler à sa flamme ; aussi tient-elle également son discours :

LA CHANDELLE

Chûn vient quant ie l'appelle,
Et ie brusle ce qui me suit.
Qui est pourtant saige me fuit.
La façon de court mest[1] itelle.

(Chacun vient quand je l'appelle, — Et je brûle ce qui m'approche. — Qui est sage me fuit. — Il n'en est pas de même à la cour.)

Les vers de ce recueil, placés sous les dessins symboliques, dans l'intention sans doute de les rendre plus lucides, sont faibles et souvent confus. Ici le peintre l'a emporté sur le poète, comme il arrive souvent dans les compositions lyriques où le parolier reste à l'état de manœuvre.

En feuilletant le manuscrit de Catherine de Médicis, j'ai pensé plus d'une fois à ceux de nos caricaturistes dont la légende est trop spirituelle. Le crayon, qui se rattache à l'esprit de mot, perd sa qualité essentielle. Nos petits journaux foisonnent de vaudevillistes en herbe, plus préoccupés de l'idée

---

1. *Mest* pour *nest*. Erreur sans doute du copiste du manuscrit.

que de l'exécution. Ces transpositions d'art sont modernes : l'esprit des anciens dessinateurs, j'en excepte Hogarth, était dans la composition, le geste, la réalité du type, la force de la conception, et le manuscrit de Catherine de Médicis nous offre heureusement un exemple saisissant du trait graphique l'emportant sur la poésie.

L'auteur de ces miniatures ne s'en est pas tenu seulement à des proverbes ; il s'élève plus haut et se préoccupe des questions sociales de son temps, comme dans le dessin des *trois estats*, où le noble, le magistrat, l'homme du peuple, font entendre leurs récriminations.

### LES TROIS ESTATS

> Vous qui aux grans estatz tendez,
> En court le désordre amendez,
> Et a police commandez
> Pour vre [votre] honneur quelle si boute.

On voit le peu de netteté avec lequel le poète exprime son idée. Aux plaintes des états les seigneurs répondent :

### LA SEIGNEURI

> Justice et rayson demandez,
> Mais point ne vous y atendez,
> Car nous sommes ici fort bendez
> Par Dieu que nous n'y voyons goute.

Les doléances des trois corporations, on les devine plutôt qu'on ne les lit à travers ces quatrains exécrables qui rendent encore plus sensible la belle conception du dessin.

Les trois états demandent justice aux seigneurs; les seigneurs prétendent ne pouvoir la rendre, ayant les yeux bandés. C'est un thème que reprendra souvent la caricature du xviiie siècle.

Si dans ce recueil il est de purs proverbes, comme par exemple la charrue devant les bœufs, dont le dessin est d'ailleurs sans importance, il en est d'autres plus intéressants où sont représentés allégoriquement les maux qui s'attaquent à l'homme et qui sont : la mort, la guerre, la pauvreté et principalement la femme. (*Voir le dessin, page* 5.)

FAMMES

Famme, la mort et la guerre
Mont de si tres pres fréquenté,
Poureté me va par tout querir
Et mal sur mal n'est pas santé.

Il faut ici louer le poète de sa sobriété.

*L'habit ne fait pas le moine*, un des plus anciens proverbes qui soient restés de monnaie courante, nous montre l'inévitable renard jouant au dévot sous sa robe de moine. Il part de sa retraite et se met en campagne pour abuser des simples et revenir chargé de leurs dépouilles. Le dessin de cette composition est clair et amusant; mais il faut le voir dans l'original avec sa teinte bistrée, qui, s'harmonisant avec le vélin du manuscrit, lui prête un charme de plus¹. (*Voir le frontispice.*)

Les vers qui accompagnent le dessin, surtout l'avant-dernier, sont incompréhensibles, tant le poète a apporté de sans-façon dans l'explication des miniatures.

L'HABIT NE FAIT PAS LE MOINE

On voit et il aduient souvent
Qu'au maleureux vient double peine.
Tel lui semble doulx quil le vent,
Mais l'abbit ne fait pas le moine.

(On voit et il arrive souvent — Que plus d'une peine accable le malheureux. — Tel lui semble serviable qui ne se fait pas faute de le trahir; — Mais l'habit ne fait pas le moine.)

A propos de l'abus des faveurs, le poète se montre impitoyable et le dessinateur a rendu l'idée encore plus saisissante. Un prince tient une corne dans laquelle il souffle des prébendes, des évêchés, et il en sort un prélat mitré qui n'est autre qu'un âne :

Je suis ung asne que faveur fait voller.

Je fais grâce au lecteur d'une cinquantaine de vers explicatifs, plus embrouillés encore que les légendes précédentes; avec peine on démêle dans ce fouillis de rimes absurdes qu'à la cour, avec de la

---

1. Toutes les miniatures d'après les proverbes et les allégories de ce recueil sont en camaïeu, à la sépia.

FRAGMENT D'UN DESSIN
du manuscrit de Catherine de Médicis.

ténacité, on est certain de faire son chemin, eût-on de grandes oreilles [1].

Aussi le dessinateur a-t-il représenté dans sa composition divers ânes ailés qui courent à la fortune, après être sortis de la trompe du prince ; mais comme le même motif se répète, je ne donne que le groupe du premier plan, le seul intéressant.

Catherine de Médicis, en feuilletant ce recueil, dut s'apercevoir que le poète n'était pas absolument respectueux pour les grands. Mais au XVIe siècle le respect pour les gouvernants était déjà perdu. Les *Adages françois* de Jean Lebon, publiés en 1571, en sont une preuve. On y trouve de brèves affirmations qui sentent la révolte des esprits : « Le roi n'est qu'un homme. » — « L'impératrice n'est qu'une femme. » — « Trop de chasteaux en France, et delà trop de pauvres. » — « Les grands n'aiment les petits que pour les services. »

Il faut en revenir au manuscrit. La miniature qui a pour titre : *Les ungs*, est peut-être la plus curieuse de la série.

### LES UNGS

Les ungs sont en haut eslevez,
En grans dignitez et estatz
Et les autres comme voyez
Sont defferez et mys aux *bas*.

---

1. Les chercheurs de textes exacts trouveront l'exemplaire au Cabinet des Manuscrits. Vol. FR. — 24,461, p. 59.

Ici le texte est clair et le dessin également : il est à remarquer que pour la première fois le poète a recours au calembour; le dessinateur l'a suivi dans cette voie en peignant les uns en haut, les autres en *bât.*

Telles sont les principales compositions de ce manuscrit, qui témoigne du développement de l'esprit satirique au xve siècle. Malheureusement l'abus de la liberté de tout dire et de tout caricaturer ne devait pas tourner au profit de l'art, car pour quelques traits spirituels ou caractéristiques se rattachant à une date, un fait historique, que de misérables dessins sortis de l'échoppe et du ruisseau devaient répandre la haine, l'envie, les tyranniques exigences des diverses classes de la société en lutte.

## CHAPITRE IV

### DE QUELQUES ESTAMPES SATIRIQUES POUR ET CONTRE LA RÉFORME

I

Qui ne s'est arrêté devant des images symboliques de la *Roue de la Fortune?* Dans son évolution elle fait des derniers les premiers, des premiers les derniers, abaisse les grands pour placer au sommet les petits : représentation ingénieuse des alternances qui attendent certains hommes pendant leur vie, symbole plus réel des aspirations de grandeurs et de richesses auxquelles bien peu d'humbles échappent!

L'image de la Roue de Fortune qu'on peut suivre se perpétuant de siècle en siècle et dont il existe un curieux échantillon au Cabinet des estampes dans les gravures facétieuses recueillies au xvɪɪᵉ siècle par l'abbé de Marolles, je la trouve pour la première fois en tête d'un pamphlet allemand de 1525 : ce pamphlet anonyme, publié dans l'Allemagne méridionale pour soutenir « les droits » des paysans, porte sur le titre un bois représentant la roue symbolique avec l'inscription :

> Le moment est venu pour la roue de fortune,
> Dieu sait d'avance qui gardera le haut :
>
> | Paysans, | Romanistes, |
> | Bons chrétiens, | Sophistes. |

Le mot *romanistes* ou partisans de Rome témoigne des sentiments hostiles qui poussaient l'outil des graveurs. Luther n'est alors que le disciple obscur de Jérôme de Prague. Mais combien d'esprits étaient déjà prêts à la révolte ? Paysans, bourgeois, moines et seigneurs.

La révolution religieuse qui allait éclater se compliquait d'une révolution sociale qui fut heureusement comprimée avec énergie. Suivant les gens auxquels s'adressait cette estampe, les sophistes et les romanistes devaient se trouver au bas de la roue pendant que seraient appelés aux fortunes et aux grandeurs les « bons chrétiens », c'est-à-dire les paysans.

Au bas de la gravure on lit encore ces vers :

> Qui nous fait tant suer ?
> L'avarice des seigneurs.

Et pour terminer :

> Tourne, tourne, tourne,
> Bon gré, mal gré, tu dois tourner.

Si on rapproche de l'image de la Roue de Fortune certains chants populaires du temps, on aura une idée du levain de haine qui couvait dans le cœur des paysans.

> Gare à toi, paysan, mon cheval te renverse,

est le premier vers d'une chanson franconienne à laquelle les paysans répondirent :

> Gare à toi, cavalier, voilà le paysan.

Ces menaces font penser aux images de 1792 en France où, après un essai d'association fraternelle des trois ordres, le Tiers finit par rester maître, ayant exilé à son tour nobles et prêtres. Pour compléter la ressemblance avec la croix, la bêche, l'épée, le fameux blason du Tiers, la bannière des paysans représentait un soc de charrue avec un fléau, une fourche et un sabot formant croix.

Luther, on le sait, ne partagea pas l'utopie des paysans. Il existe souvent de nombreuses nuances entre les révolutionnaires militants et les réformateurs théoriciens, même ceux qui ont pris pour tâche de déblayer le terrain. Malgré ses vives saillies contre la gent monacale, Érasme protestait contre la violence de langage de Luther, et lui-même Luther ne s'entremit pas pour faire adoucir le châtiment réservé aux paysans armés contre les châteaux.

Le révolté d'Erfurt tient pour la réforme religieuse, la révolte contre Rome, le mariage des moines ;

mais les idées communistes des paysans l'effarouchent. Trop grand esprit pour n'avoir pas songé que si les basses classes devaient arriver un jour au haut de la Roue de Fortune, cette roue n'en tournait pas moins d'une façon lente, presque imperceptible et qu'il fallait des siècles de travail et d'épargne pour que les pauvres pussent traiter d'égal à égal avec les riches, Luther ne se montrait radical que vis-à-vis de la cour de Rome. Pour le moine, le moment était venu d'introduire dans les murs pontificaux la sape et la mine.

On a opposé à l'iconoclaste préparant la destruction du pouvoir de Léon X le nom des grands hommes qui entouraient le pape : Michel-Ange, Raphaël, Palladio, etc.; mais il faudrait connaître la pensée intime de ces artistes éminents. D'autres grands hommes, La Fontaine, Molière et La Bruyère, qui vécurent plus ou moins protégés par Louis XIV, n'en font pas moins entendre parfois des sons discordants qui troublent la sérénité de Versailles. Le morceau de La Bruyère sur le sort des paysans de son temps, certaines fables du bonhomme, qui protestent contre les abus du pouvoir royal, témoignent que les splendeurs dont s'entourait Louis XIV masquaient des abîmes.

Des récriminations bien autrement accentuées contre le haut clergé éclatèrent au xvie siècle, même parmi les défenseurs de l'Église : elles font comprendre la portée des coups de Luther qui, malgré

D'après une gravure
DES ACTES ET GESTES MERVEILLEUX DE LA CITÉ DE GENÈVE
Vers 1548.

les foudres papales, continua à ébranler avec son terrible bélier les murs de la cité de Rome.

Alors prit pied la véritable caricature. A de rares exceptions près, jusqu'à cette époque elle n'avait fait que balbutier. Comme un enfant, elle mit quinze siècles à apprendre à parler. On l'avait vue faire ses premiers pas timidement en Grèce et pendant la décadence romaine; hybride et confuse au moyen âge, elle ressemblait aux animalcules qui rampent et grouillent sous terre. Rome, sans le vouloir, l'arma en guerre et décida de sa puissance.

Une des premières représentations hostiles à la papauté, que les chroniqueurs attribuent au XIV<sup>e</sup> siècle, mais qui me paraît plus vraisemblablement devoir être reportée au XV<sup>e</sup> siècle, est signalée par Anthoine Fromment dans ses *Actes et gestes merveilleux de la cité de Genève*.

Né en Dauphiné, Fromment avait embrassé le parti de la Réforme; pour cette raison, il émigra en Suisse, où il devint secrétaire de Bonnivard. C'est au chapitre : « *D'une figure ou ymage que fust trouuée dans Geneue en l'Eglise des Iacopins de Pallaix, et autres peintures trouuées ailleurs,* » qu'il signale la curieuse peinture suivante qu'il a commentée de la sorte :

Dans l'Eglise des Iacopins en Pallaix, entre toutes les aultres ymages, figures ou peinctures, en fust trouuée vne de laquelle plusieurs furent esmerueillez. Car elle auoit esté peincte il y auoit plus de cent ans en telle figure que est, disoynt icy dans Geneue.

Ce n'est pas de present qu'on a congnu l'abus du Pape et des siens, veu que d'aultres desia de long temps l'auoynt congnu, en faysant ceste figure. Laquelle auoyt sept testes et dix cornes, (Apocal. 17) peinte à la façon d'vng dyable, en la maniere des peyntres. Mais du cul de ce dyable sourtoit le Pape, et du cul du Pape des Cardinaux, et des Cardinaux des Euesques, des Euesques des Moynes et Prebstres; et ainsi tout ce mesnage monstroit estre sourty et venu du cul du Dyable.

Ainsi par toutes les Eglises fust trouuée quelque nouuelle marchandise. Et comme en plusieurs conuents de St Françoys vous trouués selon leur coustume, des peintures de St Francoys aussy y en auoit vne au conuent des Courdelliers, et au dessus estoit escript; Ego sum vitis vera ; Vos autem palmites.

L'érudit obligeant, M. Gustave Revilliod, à qui je dois communication de la gravure qui suit, croit que cette chronique de Genève fut écrite vers 1548 par Anthoine Fromment.

C'est une date pour l'histoire de l'iconographie de la Réforme. La caricature trouvait enfin un adversaire considérable, l'Église; elle put se prendre corps à corps avec des hommes et non plus donner la main à un vague symbolisme. Ce fut alors que d'Allemagne, de France et d'Italie furent vomies (le qualificatif n'est que trop vrai) des injures qui nous paraîtraient aujourd'hui extraordinairement grossières, si on ne faisait la part de la nation germanique qui favorisa leur développement et de l'époque où elles se produisirent. Des paquets de sottises et des paquets de choses bien autrement sales furent lancés par les adversaires des deux partis, qui ne trouvaient rien d'assez immonde pour s'en embarbouiller la face.

Le sens de ces images est parfois difficile à démêler, quoique les sujets se répètent à satiété : habituellement elles s'appliquaient à des livres se rattachant plutôt au pamphlet qu'à la controverse. A cette classe appartient la *Mappe romaine*, pamphlet prétendu extrait de l'anglais et publié à Genève en 1623, par J. de la Ceriser. Sur le frontispice di-

Détail du frontispice de la *Mappe romaine*, 1623.

visé en plusieurs compartiments on voit l'*Oiseleur romain* tendre ses filets pour y prendre les révoltés et les rebelles contre la cour de Rome; ailleurs un prince baise les pieds du pape qui lève au-dessus du personnage agenouillé sa tiare et son épée, pendant qu'à ses côtés se tient un sombre cardinal, brandissant un poignard, qui attend l'ordre de mettre à mort le suppliant. La *Fournaise romaine*, à laquelle des moines apportent du bois pour y brûler princes et chevaliers, relie ces diverses compositions dont la plus curieuse certainement est la *Conception romaine*, c'est-à-dire le pape en mal d'enfant, entouré de cardinaux, de prêtres et de moines attendant l'heureuse délivrance de leur chef spirituel, qui accouche bientôt de foudres recueillies pieusement

Détail du frontispice de la *Mappe romaine*, 1623.

dans un vase par les princes de l'Église. Ce fut une des plus précises conceptions des graveurs; aussi fournit-elle matière plus tard à d'autres imitations.

Diverses images de semblable nature et conçues dans le même esprit de révolte ornent la *Représentation de la papauté* (*Abbiddung der Bapstum*) publiée à Wittemberg en 1545, par Luther. Dans ces images, attribuées à Cranach le père, on voit le diable mettant au monde le pape et ses cardinaux : « Voici la naissance de l'Antechrist », est-il dit dans la légende. La furie Mégère allaite le petit pape, sa compagne

Alecto le berce, et Tisiphone le conduit par des lisières. Dans d'autres planches de la même série, le pape met le pied sur l'empereur Henri II, qui se prosterne devant lui : « Le pape montre ainsi qu'il est l'esprit de Dieu et des hommes. Ce que Dieu a établi et ce qu'il veut qu'on respecte, le saint homme le foule aux pieds. » Telle est la traduction d'une légende destinée à exciter le pouvoir temporel contre le pouvoir spirituel.

Une estampe du même ouvrage représente avec

Détail du frontispice de la *Mappe romaine*

quelques modifications un détail cité plus haut de la *Mappe romaine* : Clément IV brandissant un glaive pour trancher la tête du roi de Sicile, Conradin, agenouillé devant lui. « L'empereur, dit la légende, avait fait beaucoup de bien au pape et le pape lui en témoigne sa reconnaissance d'une manière cruelle, ainsi que le montre fidèlement cette image [1]. »

Les réformateurs mettaient au compte des papes les ambitions déçues des princes du moyen âge, espérant ainsi se donner pour alliés ceux des souverains qui luttaient contre les abus de pouvoir de la cour de Rome.

Dans une autre planche du même recueil, le pape est monté sur un animal immonde : « Il est juste, en effet, dit la légende, que tu aies une truie pour monture ; elle te conduira où tu dois aller. » Le pape, dans cette estampe, tient un vase rempli d'ordures : « Tu veux convoquer un concile, est-il écrit dans les vers qui suivent ; pour t'aider dans ce but, je te donne une fiente. »

Diable, porc et déjections de toute nature sont les injures à la mode. M. Audin, l'historien de Luther, et non pas son apologiste, le fait remarquer à propos d'autres caricatures attribuées, suivant lui, au moine d'Erfurt : « Dans toutes, dit il, le pape et le *dreck* allemand ou *stercus* latin occupent les plans divers

---

[1]. Ce pamphlet, publié à Wittemberg en 1545, est si rare que trois bibliothèques seules le possèdent : Hall, Berlin et sans doute Weymar, où dut passer l'exemplaire ayant appartenu à Gœthe.

de l'image. » En effet, les réformateurs et leurs adversaires les papistes, comme on le verra, mettent en pratique dans leurs pamphlets et caricatures la théorie du *circulus* de Pierre Leroux, en en détournant l'emploi ; mais j'incline à croire que les luthériens se servirent les premiers de ce symbolisme grossier et en abusèrent.

J'entends un esprit délicat se plaindre qu'on relève ces facéties scatologiques qui répondent si peu à l'esprit de notre époque. On ne peut toutefois mettre à néant l'œuvre de Rabelais ni les plaisanteries particulières à son siècle. Les historiens les plus graves, même ceux qui défendent l'ultramontanisme, n'ont pas dédaigné de les mentionner. La controverse religieuse, pour frapper l'esprit des populations, se faisait populaire, et il est aussi important pour l'histoire des mœurs que pour celle des arts de décrire des pièces que les luttes religieuses ont rendues si rares.

Une autre planche représente encore un bourreau qui accroche à des potences le pape et les cardinaux : attirée par ce spectacle, une troupe de diables s'assemble et s'ébat au-dessus du gibet. Ces estampes font également penser à celles de 1793, et les légendes témoignent de violences semblables à celles des imagiers parisiens : « Viendra le jour où le pape et les cardinaux seront punis sur terre comme ils le méritent, ainsi que vous le voyez ici représenté ; et ils ont bien gagné ce qu'ils endurent[1]. »

Naturellement un tel langage plaisait au peuple. Pour l'entretenir dans des idées hostiles contre la papauté, les partisans de la réforme fabriquèrent certains jouets, comme l'a rapporté un des disciples de Luther dans les *Propos de table :* « Le docteur Luther dit que, lorsque après la diète d'Augsbourg le cardinal Campége entra avec Ferdinand dans la ville de Vienne, on habilla en cardinal un petit homme de bois ; et après lui avoir attaché au cou des indulgences et le sceau du pape, on le mit sur un chien à la queue duquel on avait lié une vessie de porc pleine de poix. On donna la chasse à ce chien dans toutes les rues de la ville. »

Ne sourions pas trop de ces enfantillages du XVIe siècle. Nous avons vu, à la fin de l'empire, d'honnêtes bourgeois se poser en adversaires irréconciliables du pouvoir par l'adjonction à leur chaîne de montre d'une petite *lanterne*, en signe de l'enthousiasme qu'ils professaient pour le pamphlet publié sous ce titre.

Il faut citer encore une estampe curieuse qui sert de frontispice au *Poème du loup* (in-4°, sans date ni lieu, imprimé vers 1530). L'estampe, qui représente les membres du sacré collége, le pape en tête, avec

---

1. Pour plus de détails sur ce pamphlet rarissime, voir G. B. [Gustave Brunet], *Notice sur un recueil de caricatures satiriques.* (CABINET DE L'AMATEUR, 1845-1846.)

D'après le frontispice du *Poëme du loup*,
Vers 1530.

des faces de loup, occupés à tendre des filets où viennent se prendre des oies couronnées, fait penser aux malices du *Roman de Renart*, et l'image dans sa satire amusante et claire est plus spirituelle que le texte.

Un autre livre encore fait exception par ses gravures à la brutalité habituelle des tailleurs d'images : l'*Antithesis figurata vitæ Christi et Antechristi*. Cet ouvrage contient des figures sur bois d'un maître habile, qui a dessiné en antithèse le Christ et l'Antéchrist, c'est-à-dire le pape. En regard du Christ, humble et pauvre, on voit constamment le pape étaler ses pompes et ses richesses. Saint Joseph, Marie et Jésus se reposent dans l'étable : c'est entouré d'une cour brillante que le pape accorde ses audiences. Le Christ lave les pieds des pauvres : empereurs et rois se pressent pour baiser la mule du pape. A Jérusalem, le Christ fait son entrée monté sur une ânesse : quand le pape sort du palais Saint-Ange, il monte un cheval richement harnaché, suivi d'une bande de hallebardiers en grand costume. Le Christ chasse les marchands du temple : riches et puissants apportent leurs trésors au pape.

Le pamphlet est terminé par l'ascension radieuse du Christ au ciel ; en regard, les diables s'emparent du pape et le précipitent pour l'éternité dans les flammes de l'enfer. La portée de ces planches gravées par le burin d'un habile maître en bois dut être considérable, car, même pour les esprits les plus humbles, l'antithèse se déroule clairement et sans obscurité. Et on s'explique combien les exemplaires sont devenus rares, les catholiques croyant faire acte de foi en détruisant ces virulentes accusations contre la papauté.

## CHAPITRE V

### DU RIRE EMPLOYÉ PAR LA RÉFORME COMME MOYEN DE PROPAGANDE

M. Audin, dans son *Histoire de Léon XI*[1], intitule un de ses chapitres : *Du rire employé par la Réforme comme moyen de propagande*. En effet Luther trouva un puissant auxiliaire dans la joie. Ce brutal lutteur, que certains traits peuvent faire comparer au batailleur franc-comtois Proudhon, au lieu d'encre, barbouille la figure de ses adversaires avec de la lie de vin. Au docteur Eckius, qui défend la primauté du pape : « Raca, crie Luther, vessie emplie de vent, *gloriaceus, glorianus, gloriensis et gloriosus!* »

Poëte, savant, « fort en gueule », le réformateur n'ignorait pas le parti qu'un polémiste peut tirer de l'injure joyeuse. Ses adversaires discutent doctoralement, point par point ; lui, pour mettre les rieurs de son côté, emploie plutôt le langage des halles

---

[1]. 2 vol., 1844.

que la dialectique enseignée dans les couvents. Un autre de ses adversaires, Alved, argumente sur le consentement des peuples catholiques qui toujours ont reconnu dans le pape l'élu du Christ : « Retire-toi, s'écrie Luther, bœuf par la tête, bœuf par le nez, bœuf par la bouche, bœuf par le poil ! »

Ce n'étaient pas des arguments irréfutables. Ils n'en triomphaient pas moins aux yeux des masses. Un tribun populaire a besoin de plus de poumons que d'éloquence. De même pour les écrivains. Il ne s'agit pas pour le gros public de frapper juste, mais de frapper fort. Tous les théologiens de Leipzig pouvaient se réunir pour accabler le Saxon, il les mettait en fuite avec un cri : « Arrière, ânes, ânissimes, perânissimes, superânissimes ! »

Il ne faudrait pas croire toutefois que l'injure seule remplisse le sac du moine. Discussions théologiques à part, Luther fut un véritable poète ; et l'humour trouve sa place souvent dans ces querelles religieuses. Exemple, la querelle avec le dominicain Tetnel qui, ayant essayé de réfuter Luther dans un mémoire et ne pouvant venir à bout de son adversaire, lui proposait, pour en finir, la double épreuve de l'eau et du feu.

Luther n'accepta ni l'une ni l'autre et répondit au dominicain : « Je me moque de tes cris comme des braîments d'un âne. Au lieu d'eau, je te conseille du jus de vigne ; au lieu de feu, hume la sauce appétissante d'une oie rôtie ; viens à Wittemberg si le cœur t'en dit. Moi, docteur Martin Luther, à tout inquisiteur de la foi, à tout mangeur de fer rouge, à tout pourfendeur de rochers, savoir faisons qu'on trouve ici bonne hospitalité, porte ouverte, table garnie, soins empressés, grâce à notre duc et prince l'électeur de Saxe. »

Jamais un Calvin, avec son austérité et son habileté de dialecticien, n'eût décidé du triomphe de la Réforme comme le fit Luther, qui se retrempait aux sources populaires et introduisait la joyeuseté profane du xvie siècle dans ses polémiques.

M. Audin, qui, tout en se posant en adversaire du moine, a vu juste dans certaines parties de son livre, croit devoir, pour ces raisons, attribuer les caricatures suivantes à l'invention de Luther : « Deux images, dit-il, sorties tout entières de son cerveau, obtinrent un succès prodigieux. Dans la première, le pape est assis sur son trône pontifical ; de chaque côté de sa face se dressent deux oreilles d'âne. Autour du pape volent une myriade de démons. L'un d'eux est allé ramasser dans la table de nuit d'un père du couvent un emblème immonde qu'il pose sur la cime de la triple couronne. » Ici l'historien n'a pas regardé l'estampe avec assez d'attention, quoiqu'il l'ait fait reproduire en fac-similé dans son livre. L'emblème en question est simplement la tiare avec une flamme au sommet, c'est-à-dire la tiare qui brûle. D'autres diables tirent le trône papal avec des cordes pour le faire tomber dans le brasier qu'attisent de nombreux suppôts de Satan. Traduction de l'image en quatre mots : le pape condamné à l'enfer.

Une seconde image que je ne connais point est encore analysée par M. Audin : « L'autre, connue sous le nom de la *Truie papale*, représente le pontife assis sur une truie aux larges flancs, aux mamelles gonflées, que le cavalier pique à coups d'éperons. D'une main il bénit ses adorateurs : une vieille édentée, un paysan qui ressemble à l'un de nos niais de mélodrame; de l'autre, il présente l'emblème que nous n'osons nommer. La truie lève le groin, flaire avec délices; le pape impatienté crie à l'animal : — Vilaine bête, veux-tu bien marcher! Au concile, au concile! »

A regarder légèrement, toute caricature semble le produit spontané qui sort de l'échoppe d'un tailleur en bois assez avisé pour traduire les sentiments de la foule. Cependant un naturaliste, qui voit tomber à ses pieds une feuille, cherche à quel arbre elle appartient. Il en est de même pour la caricature : je suis préoccupé avant tout du tronc d'où s'échappent ces images volantes qui sont rarement l'expression d'une seule individualité, et se rattachent bien plutôt à un groupe.

En lisant les lettres de Luther à ses amis ou les *Propos de table* recueillis avec tant de soin par ses disciples, on verra la part que prit le réformateur aux représentations symboliques dirigées contre le pouvoir spirituel : « Quant à ces trois furies, dit Luther, expliquant une gravure satirique, je n'avais autre chose dans l'esprit, lorsque j'en faisais l'application au pape, que d'exprimer l'atrocité de l'abomination papale par les expressions les plus énergiques, les plus atroces de la langue latine ; car les Latins ignorent ce que c'est que Satan ou le diable, comme l'ignorent aussi les Grecs et toutes les nations. » (8 mai 1545.)

Le sens de ces images est souvent difficile à trouver ; heureusement parfois les *Tischreden* (Propos de table) aident à les débrouiller : « Les décrétales, disait Luther, ressemblent au monstre : jeune fille par la tête, le corps est un lion dévorant ; la queue est celle du serpent ; ce n'est que mensonges et tromperies. Voilà, au reste, l'image de toute la papauté. »

En 1523 parut un pamphlet orné d'une figure étrange, semblable d'aspect aux monstres de foire qui arrêtent les paysans ébahis, ou à ces images de bêtes du Gévaudan que les colporteurs répandent dans les campagnes. Une ânesse, le corps recouvert d'écailles, tenant à la fois de la femme et de l'animal, avance deux bras bizarres terminés, l'un par un pied d'éléphant, l'autre par une main d'homme, et deux jambes dont l'extrémité de l'une forme sabot et l'autre griffe. Ce phénomène compliqué est bien le produit d'une époque où les graveurs, le cerveau plein de choses troubles, s'imaginant que leur crayon ne s'exprimerait jamais assez clairement, ajoutaient sans cesse à leurs compositions un détail plus significatif pour leurs yeux, plus trouble pour les nôtres.

A pénétrer dans les écrits du réformateur il semble qu'il commanda la gravure, qu'il en fournit les matériaux et que ce fut avec l'aide de son ami Mélanchton que furent agencés les principaux motifs qui devaient entrer dans la création du phénomène.

« *Interprétation des deux monstrueuses figures d'un Ane-pape trouvé à Rome, et d'un Veau-moine trouvé à Fribourg en Misnie, par Ph. Mélanchton et Martin Luther* [1] », telle est la traduction du titre de cette gravure, dont l'analyse à elle seule forme un pamphlet : analyse assez longue pour que M. Michelet ait cru devoir en supprimer une partie; mais n'est-il pas intéressant de suivre de près Luther commentant l'image apocalyptique, dont le titre du pamphlet lui attribue la découverte?

A la suite de cet exposé vient une description très détaillée du monstre.

D'abord la *tête d'âne* désigne le pape; car l'Église est un corps spirituel qui ne doit ni ne peut avoir de tête visible; Christ seul est le seigneur et le chef de l'Église. Le pape s'est voulu faire contre Dieu la tête visible de l'Église; cette tête d'âne, attachée à un corps humain, le désigne donc évidemment. En effet, une tête d'âne convient-elle mieux au corps de l'homme que le pape à l'Église? Autant le cerveau de l'âne diffère de la raison et de l'in-

---

1. Wittemberg, 1523, in-4° de 8 pages.

# Der Bapstesel zu Rom

FAC-SIMILE

d'une gravure en bois, de l'*Ane-pape*, 1523.

telligence humaines, autant la doctrine papale s'éloigne des dogmes du Christ. Dans le royaume du pape les traditions humaines font la loi : il s'est étendu, il s'est élevé par elles. S'il entendait la parole du Christ, il croulerait aussitôt.

Ce n'est pas seulement pour les Saintes Écritures qu'il a une cervelle d'âne, mais pour ce qui regarde même le droit naturel, pour les choses que doit décider la raison humaine. Les juristes impériaux disent en effet qu'un véritable canoniste est véritablement un âne.

La *main droite du monstre, semblable au pied de l'éléphant,* montre qu'il écrase les craintifs et les faibles. Il blesse en effet et perd les âmes par tous ses décrets qui, sans cause ni nécessité, chargent les consciences de la terreur de mille péchés qu'ils inventent et dont on ne sait pas même les noms.

La *main gauche* désigne la puissance temporelle du pape. Contre la parole de Christ, il est devenu le seigneur des rois et des princes. Aucun d'eux n'a soulevé, fait et conduit tant de guerres, aucun n'a versé autant de sang. Occupé de choses mondaines, il néglige la doctrine et abandonne l'Église.

Le *pied droit, semblable au pied d'un bœuf,* désigne les ministres de l'autorité spirituelle, qui, pour l'oppression des âmes, soutiennent et défendent ce pouvoir; c'est à savoir les docteurs pontificaux, les parleurs, les confesseurs, ces nuées de moines et de religieuses, mais surtout les théologiens scolastiques, qui tous s'en vont répandant ces intolérables lois du pontife, et tiennent ainsi les consciences captives sous le pied de l'éléphant.

Le *pied gauche qui se termine par des ongles de griffon,* signifie les ministres de la puissance civile. De même que les ongles du griffon ne lâchent point facilement ce qu'ils ont une fois pris, de même les satellites du pape ont pris aux hameçons des canons les biens de toute l'Europe, et les retiennent opiniâtrément sans qu'on les leur puisse arracher.

Le *ventre et les seins de femme* désignent le corps du pape, c'est-à-dire les cardinaux, évêques, prêtres, moines, tous les sacrosaints martyrs, tous les porcs bien engraissés du troupeau d'Épicure, qui n'ont d'autre soin que de boire, manger et jouir de voluptés de tout genre, de tout sexe; le tout en liberté, et même avec garantie de privilèges... Les yeux pleins d'adultère, le cœur d'avarice, ces fils de la malédiction ont abandonné le droit chemin pour suivre Balaam, qui allait chercher le prix de l'iniquité [1].

Les *écailles de poisson aux bras, aux pieds, au cou et le ventre nu* représentent les princes et les seigneurs temporels de ce royaume. Les écailles, suivant Job, c'est union ou étreinte; ainsi, les princes, les puissances de la terre, sont unis et collés à la papauté. Et, bien qu'ils ne puissent, ces grands du monde, dissimuler, approuver, pallier le luxe, le libertinage, les infâmes instincts du papisme, car le ventre est là tout nu pour montrer son dévergondage, cependant ils dissimulent, ils se taisent, ils souffrent et s'attachent à son cou, à ses bras, à ses pieds; c'est-à-dire qu'ils l'embrassent, l'étreignent et défendent ainsi son pouvoir tyrannique...

*Tête de vieillard adhérente à la cuisse*, c'est vieillesse, déclinaison et chute du royaume papalin. Dans l'Écriture, la face signifie le lever et le progrès; le dos ou postérieur, le coucher et la mort. Cette image nous montre donc que la tyrannie pontificale touche à son terme, qu'elle vieillit et meurt de sa maladie ou de consomption, usée par toutes ses violences extérieures. Ainsi, pour la gloire du monde, la farce est jouée; et la toile tombe.

Le *dragon qui sort du c.l papal*, la flamme à la bouche, veut dire les menaces, les bulles virulentes, les blasphèmes que le pontife et ses satellites vomissent sur le globe au moment où ils s'aperçoivent que leur destin est accompli et qu'il faudra dire adieu sur cette terre.

Vous tous, tant que vous êtes et qui me lirez, je vous prie de ne pas mépriser un si grand prodige de la majesté divine, et de vous arracher de la contagion de l'Antéchrist et de ses membres. Le doigt de Dieu est ici dans cette peinture si fidèle, si ornée,

---

1. Ici s'est arrêté M. Michelet dans la traduction du pamphlet. (Voir les *Mémoires de Luther*, 2 vol., 1835.) Depuis l'alinéa « les écailles de poisson », la traduction de la fin du pamphlet est empruntée à l'*Histoire de la vie de Luther*, de M. Audin (3 vol. in-8º, 1845). Il était bon, à défaut du texte original, de contrôler les deux historiens. J'ai été assez heureux, ce travail achevé, pour me procurer le pamphlet original de Luther, si rare qu'aucune bibliothèque publique de Paris ne le possède.

comme dans un tableau ; c'est une preuve que Dieu a pitié de vous, et qu'il a voulu vous tirer de cette sentine de péché.

Réjouissons-nous, nous autres chrétiens, et saluons ce signe comme l'aurore qui nous annonce le jour de Notre-Seigneur et de notre libérateur Jésus-Christ.

Ce commentaire d'une gravure bizarre paraîtra sans doute un peu long : il a son utilité pour les recherches iconologiques. Si l'on s'en rapportait au titre du pamphlet, « la monstrueuse figure » aurait été « *trouvée* à Friberg en Misnie *par* Luther et Mélanchton. » Or l'image de 1523, gravée sur bois, n'est qu'une copie d'une eau-forte datée de 1496.

Cette gravure à l'eau-forte, si rare que seul le British Museum en possède une épreuve, porte pour monogramme un W, signature habituelle de Wenceslas d'Olmütz, qui devait appeler l'attention des historiens et des iconophiles. M. Jaime l'a fait graver dans le *Musée de la caricature* [1], en faisant remarquer avec raison que la date de 1496 est antérieure à la Réforme. De son côté M. Duchesne aîné, dans le *Voyage d'un iconophile*, disait : « Cette gravure allégorique a certainement été faite lors des discussions qui eurent lieu, vers cette époque, entre quelques princes d'Allemagne et la cour de Rome. »

L'eau-forte fut donc reproduite en bois, vingt-sept ans après sa publication, par un graveur pour les besoins des chefs de la Réforme. Il reçut sans doute

---

1. 2 vol. in-4°, Delloye, 1836.

des instructions de Luther pour la suppression de certains détails. Le titre gravé en tête du sujet dans l'intérieur de l'encadrement : ROMA. CAPVT MVNDI ; la légende (*castel S. Agno*), indiquant le château Saint-Ange avec l'étendard qui porte les clefs de saint

D'après la gravure de Wenceslas d'Olmütz. 1496.

Pierre, disparurent ; de même celle du *Tibre* (*Tevere*) ; également fut supprimée l'appellation *Tore di nona*, de la tour située sur une élévation. Un vase de forme assez régulière, placé près du monstre, fut omis, ainsi que la date IANVARII, 1496, et le monogramme W de Wenceslas d'Olmütz.

Luther, dans sa collaboration avec Mélanchton, donna un long développement à sa laborieuse interprétation de la gravure, mais il modifia sensiblement la pensée première. Quoique l'estampe de Wenceslas précédât la Réforme, la gravure de 1496 n'en était pas moins la symbolisation satirique de la Rome papale, Rome tête du monde. Luther jugea plus significatif d'affubler de ce symbole le pape lui-même, « l'âne-pape ». Par un procédé semblable à celui employé fréquemment dans les journaux illustrés, il donna comme nouvelle une gravure qui avait déjà servi.

A étudier de près les ouvrages des écrivains de la Renaissance qui se complaisaient à la science tératologique, on trouverait l'origine de plus d'un motif employé par les graveurs satiriques. A l'imitation de Jules Obsequens, auteur de *De Prodigiis est Prodigiorum libellus,* composé vers le IVe siècle, Conrad Lycosthène publie en 1557 le *Prodigiorvm ac ostentorvm chronicon.* Toutes les traditions, les croyances populaires, les phénomènes de la nature qu'on montrait dans les foires d'alors, y sont gravés et commentés avec la croyance qu'apportaient les anciens Romains aux manifestations miraculeuses du pouvoir des dieux.

Un grand fouillis que ces livres de la Renaissance, mais un fouillis dans lequel se retrouvent des curiosités et des analogies, des enchaînements, des emprunts, des sortes de *clichés* que déjà se transmettaient les graveurs.

C'est à la date de l'année 1496 que Lycosthène

place la découverte dans le Tibre, à Rome, du monstre décrit plus tard par Luther, et il ajoute après la description :

Maximiliano invictissimo Romanorum regi insignis ac insolita magnitudinis cerva donata est, quam Germanico ac Latino carmine doctissimo descripsit Sebastianus Brandus.

Brandt, l'auteur de la *Nef des fous*, qui naquit en 1458 et mourut en 1520 à Bâle, aurait donc antérieurement décrit le monstre, et Luther l'aurait repris pour en faire le sujet de l'*Ane-pape*. Le fait est vraisemblable et a déjà pris trop de développements.

J'ai publié la pièce pour montrer la part qu'eut Luther dans la publicité de certaines images satiriques. On verra plus loin, toutefois, que le père de la Réforme devait en supporter le contre-coup. La caricature est une arme à deux tranchants.

## CHAPITRE VI

### PASQUIN ET MARFORIO VIS-A-VIS DE LA PAPAUTÉ

Bien avant Luther, avant les réformateurs qui lui préparèrent la voie, on entend en France de vives plaintes contre la papauté, non pas empreintes de colères et de tempêtes comme en Allemagne, mais qui, dans leur accablement, offrent un certain lyrisme.

> Ha! Rome, Rome,
> Encore ociras-tu maint home!

s'écrie le moine Guyon de Provins. Et ailleurs, dans un vers imprégné de tristesse :

> Rome nos suce et nos englot.

Le moine gallican, dont quelques aspirations semblent appartenir à l'époque actuelle, souhaitait que les dons des particuliers, au lieu de remplir les coffres du clergé, fussent employés à construire des ponts, des routes et des hôpitaux.

Au commencement du xiiie siècle, le troubadour Guillaume Figuéras, de Toulouse, se révolte contre les massacres de Béziers et s'en prend à la papauté :

> O Rome, telle est la grandeur de votre crime que vous méprisez et Dieu et les saints.
> Rome fourbe et trompeuse, vous gouvernez si injustement qu'auprès de vous se cachent toute ruse, toute mauvaise foi.
> Rome, sous les dehors d'un agneau, avec un regard simple et modeste, vous êtes au dedans un loup ravisseur et un serpent couronné.

Il serait facile d'accumuler d'autres attaques des adversaires de l'Église, celle de Pierre Cardinal entre autres. Elles sont nombreuses ; cependant l'Inquisition ne laissa pas longtemps les troubadours chanter sur ce ton. Traqués, persécutés, emprisonnés, ils durent se taire ou s'enfuir à l'étranger ; mais la secousse était imprimée, et jusqu'en Italie, en pleine Rome, le trône papal continua à servir de point de mire aux attaques violentes.

Un tailleur, nommé Pasquin, n'avait pas craint, au xive siècle, de critiquer les faits et gestes du pape, des cardinaux, des prélats et des grands seigneurs. Son esprit caustique le rendit populaire : on le regardait comme une sorte de Diogène. Quand il mourut, un fragment de statue antique ayant été trouvé aux environs de son échoppe, les ouvriers le dressèrent contre le palais Pamphili et, en souvenir de l'artisan sarcastique, décorèrent ce torse du nom de Pasquin.

Les courtisans et les poètes, dit un ancien écri-

# HIC OSCVLA PEDIBVS PAPAE FI-GVNTVR

D'après une ancienne gravure allemande.

vain italien, Ant. Barotti, ne laissèrent pas échapper cette occasion de vider leurs satires sous ce nom consacré ; ils donnèrent à la statue le caractère fin et mordant du tailleur, et lui attribuèrent toutes les plaisanteries qu'ils voulurent publier. Ils conservèrent à ces pamphlets le style des gens sans éducation et respectèrent le vocabulaire plébéien de Pasquin, sans renoncer aux traits spirituels. Bientôt Pasquin fut couvert journellement de mille concetti, qui prirent depuis le nom de *pasquinades;* mais l'audace de Pasquin redoublant de jour en jour, Adrien VI, pour en terminer avec l'enragé satirique, ordonna de précipiter sa statue dans le Tibre.—Quoi, disait-il, dans une ville où il est facile de fermer la bouche aux hommes, je ne pourrai pas trouver le secret de faire taire un morceau de marbre? — Si on noyait Pasquin, répondit au pape un de ses familiers, il se ferait entendre plus haut que les grenouilles du fond de leurs marais ; et si on le brûlait, les poètes, nation naturellement portée à médire, s'assembleraient tous les ans dans le lieu du supplice de leur patron, pour y célébrer ses obsèques en déchirant la mémoire de celui qui lui aurait fait son procès.

Pasquin échappa au Tibre, mais ne devint pas plus réservé dans ses propos : « Les murs de la cité des papes, disait-il, sont faits de capuchons, de rosaires, de chapelets, de tonsures, de barbes de capucins, de ceintures monacales, de sandales, de poissons, d'œufs, de fromages, de mitres, de peaux de chèvre, de cierges, de cire et de plomb, de bulles et d'une foule d'écrits, le tout cimenté avec de l'huile et de la soie. Voilà de quoi se composent les murs qui ceignent la cité des papes. Elle a quatre portes appelées : la première, porte de la Superstition; la seconde, porte de l'Ignorance; la troisième, porte de l'Hypocrisie; la quatrième, porte de l'Orgueil. Mais on les a si profondément minées et attaquées de tant de façons, que je ne pense pas qu'elles puissent durer longtemps [1]. »

On pourrait mettre en regard de la pasquinade ci-dessus une image satirique, malheureusement sans date et sans signature, qui porte pour titre *Gorgoneum caput*. Dans un cadre ornementé, à travers les enroulements duquel montrent leur tête un âne déchiffrant à l'aide de lunettes quelque livre sacré, un évêque à tête d'animal, un jésuite représenté par un pourceau et une oie tenant dans son bec un rosaire, la figuration du pape, sa tiare et ses habits sacerdotaux sont formés à l'aide des instruments de la passion et des objets sacrés ayant trait au culte.

Cette curieuse estampe, de la fin du xvie siècle, est une des premières, à ma connaissance, où les instruments et emblèmes relatifs à une corporation servent de contour au personnage symbolisé. Les dessinateurs ont abusé depuis de ce système,

---

1. Pasquillus, *Entretiens* (vers 1550). Voir Mary Lafon, *Pasquin et Marforio, Histoire satirique des papes, traduite et publiée pour la première fois,* 1 vol. in-18. E. Dentu, 1861.

GORGONEUM CAPUT

D'après une estampe allemande du xvie siècle.

et c'est là description de Pasquin qui m'y fait songer.

On dira avec raison que l'entretien ci-dessus de Pasquin date de 1550 et que les audaces de Luther avaient pénétré jusqu'en Italie et enhardi les timides ; mais il est de plus anciennes pièces satiriques. A propos des indulgences de Jules II, élu en 1503, Pasquin disait : « Jules s'est fait marchand et veut tromper l'univers ; il vend ce qu'il n'aura jamais, le ciel. » Touchant les membres du sacré collége : « Voici les troupeaux, les bêtes des champs, les serpents et les vautours à grandes plumes. »

Ces malices du peuple romain perdent malheureusement à la traduction. Aussi passerai-je rapidement sur le *Parallèle du Christ et du pape*[1], sur la *Généalogie de l'Antéchrist, fils du diable*[2], qui ne sont que des redites de pamphlets luthériens.

Pasquin se rapproche quelquefois si près de Luther, qu'il semble recevoir directement ses instructions de la Saxe. Dans un dialogue avec Marforio, autre compère à la langue presque aussi bien affilée que la sienne, Pasquin dit : « Quant aux prêtres, je leur donnerais des femmes pour les forcer à quitter leurs concubines ; je donnerais des concubines aux moines, afin de les empêcher d'être les maris de toutes les femmes et les femmes de tous les maris. »

1. Mary Lafon, *Pasquin et Marforio*, etc., p. 48-49.
2. Id., ibid., p. 160-161.

Voilà la grosse question posée, celle qui se débat encore et que je n'ai pas à résoudre, cherchant seulement à quelles manifestations de l'opinion donna lieu le mariage du moine défroqué, Luther, avec la nonne Catherine de Bora.

## CHAPITRE VII

### CARICATURES CONTRE LUTHER

« Celui qui emploiera la caricature sera châtié par la caricature », est un axiome qui ne se trouve pas dans la Bible des Réformés. Luther put toutefois en reconnaître la justesse. Il avait attaqué ou fait attaquer le pape par des graveurs auxquels il donnait le mot d'ordre; les défenseurs de la cour de Rome employèrent les mêmes armes.

Le 13 juin 1525, Luther épousait Catherine de Bora, jeune nonne du couvent de Nimptsch. A ce mariage, les adversaires du moine répondirent par un charivari qui dura une partie de l'année. Les pamphlets donnèrent naissance à des caricatures; les caricatures, à des chansons. « En vérité, dit Juncker, un des disciples qui contribuèrent à répandre la Réforme, on ne saurait dire quelles gorges chaudes les papistes ont faites au sujet de cet hymen, qu'ils ont chanté jusqu'à présenter ces saintes noces comme ncestueuses. »

Le moine Conrad Collin publiait un livre « sur les noces de chien de Luther ».

Luther ayant donné le ton, rien d'étrange à ce qu'on accrochât plusieurs casseroles à la queue de ce « chien enragé » qui traitait ses adversaires avec tant de brutalité. On a toutefois recueilli quelques traits plus spirituels. Le vieux théologien Emser, qui avait eu maille à partir avec le docteur, improvisa un épithalame pour célébrer l'union des deux époux, non pas toutefois pour leur être agréable :

Adieu cuculle, adieu cape, adieu prieur, gardien, abbé ; adieu tous les vœux, et gai, gai, gai.

Adieu matines, oraisons, adieu crainte, et pudeur, adieu conscience, et gai, gai.

Luther s'amusait de ces facéties et y répondait par des couplets de sa façon. On chante encore à Wittemberg, dit-on, un cantique amusant en réponse au Noël satirique d'Emser. Un couplet de cette chanson, attribuée, paroles et musique, à Luther, suffira pour montrer sa joyeuse humeur :

    Martin veut,
   Das ri, ra, ritz,
Qu'on tisonne les moines ;
   Das ri, ra, ritz,
Qu'on rôtisse les prêtres ;
   Das ri, ra, ritz,
Qu'on émancipe les nonnes.

Sans doute à cette date se rattache une certaine caricature qui représente le moine en quête d'un asile et emmenant avec sa femme, son enfant et son

LUTHER ET CATHERINE DE BORA

D'après une estampe de 1580.

chien, son gros ventre qu'il porte dans une brouette. (A-t-on assez abusé depuis, en France et en Angleterre, de cet abdomen embarrassant pour les personnages en vue!) D'une main le réformateur tient la tiare papale qui lui sert de sébile pour demander l'aumône, de l'autre il pousse la brouette. Sur le dos, Luther porte une boîte de colporteur, par les ouvertures de laquelle on aperçoit diverses têtes de personnages de toute condition. Sa femme, Catherine de Bora, suit le cortège, tenant dans ses bras un nouveau-né; elle est chargée également d'un long coffre auquel est ajusté un gros livre, la Bible. Les deux époux vont prêcher dans les campagnes l'Évangile nouveau.

M. F.-W. Ebeling, dans les Notices qui accompagnent l'*Historich-Grotesk-Komischer* [1], dit que cette caricature anti-luthérienne, due à un graveur inconnu de 1580, « paraît être de Strasbourg ». Suivant le commentateur, la femme de Luther porte les principaux ouvrages de la Réforme, et les adversaires du moine, placés au devant de la brouette et sur le dos du réformateur, lui font faire un chemin pénible.

Je ne partage pas tout à fait cette opinion. Les personnages graves et austères que Luther brouette et porte sur son dos, me paraissent plutôt des partisans de la Réforme que ses ennemis. On ne voit parmi eux ni cardinaux, ni prélats, ni prêtres, qu'il était

---

1. Leipzig, 1862, in-folio; il n'a paru que deux livraisons.

facile d'introduire comme caractérisant l'Église. J'estime, au contraire, que cette boîte et cette brouette constituent l'étalage et la montre du réformateur. — Voyez, disait-il en déballant sa marchandise, c'est-à-dire la Bible, quels puissants seigneurs patronnent le Livre et quels personnages de haute condition consentent à me suivre dans mes pérégrinations.

On trouve dans les *Centuries* de Nas, imprimées en 1564, à Ingolstadt, et qui étaient de vifs pamphlets contre la Réforme, quelques images en bois fort curieuses contre Luther. L'une de ces planches représente Luther et sa femme Catherine de Bora, écoutant les instructions du diable sur la messe. Dans une autre, l'*Anatomie de Luther*, le chef de la Réforme est tiraillé et disloqué par ses propres disciples, chacun s'efforçant d'accaparer un lambeau du maître. « C'était Nas lui-même, qui avait eu l'idée de cette allégorie dont il donna une longue paraphrase dans un ouvrage ultérieur[1]. »

Une certaine bonne humeur s'attache toujours à Luther, qui a servi à sa réputation, et je ne peux penser au réformateur sans que ne me reviennent à la mémoire les vers suivants composés par lui:

Où chantent de braves compagnons, l'humeur méchante ne saurait être : la colère, l'envie, la haine, ne sauraient rester dans le cœur.

---

[1]. Voir un article de la *Revue de France*, dû à M. le baron Ernouf, *Réaction catholique en Allemagne*.

Le docteur Conrad Wimpfina fit imprimer à Francfort un recueil de controverses religieuses où les gravures ne répondaient pas précisément au texte. On voit représentées sur ces images la chambre à coucher de Luther, la danse du moine et de la nonne la première nuit de leurs noces, avec légendes à l'unisson.

— Laissez grogner le cochon, disait avec son gros langage le docteur en parlant du pamphlet de son adversaire.

La bouteille, la paillardise, jouent un grand rôle dans les caricatures qu'amena l'union de Luther et de Catherine de Bora. Les défenseurs de l'Église, en attaquant si violemment la femme de Luther, n'imitèrent pas la réserve que le sexe féminin inspirait au réformateur.

On ne saurait atténuer la brutalité et la grossièreté des invectives du moine saxon, entraîné dans la lutte avec l'Église; toutefois vis-à-vis des femmes, Luther fait preuve d'une sympathie particulière. A un ami il écrivait : « Celui qui insulte les prédicateurs [protestants] et les femmes ne réussira pas bien. C'est des femmes que viennent les enfants, par quoi se maintient le gouvernement de la famille et de l'État. Qui les méprise, méprise Dieu et les hommes. » Et mécontent de certaines figures que Lucas Cranach avait composées pour un de ses pamphlets : « Maître Lucas, dit Luther, est un peintre peu délicat. Il pouvait épargner le sexe féminin en considération de nos mères et de l'œuvre de Dieu. Il pouvait peindre d'autres formes plus dignes du pape, je veux dire plus diaboliques... » (3 juin 1545.)

A quelques jours de là il revient sur la même question : « Je ferai tous mes efforts si je vis, dit Luther, pour que le peintre Lucas substitue à cette peinture obscène une image plus honnête. » Délicatesses qui se retrouvent parfois chez les natures violentes.

## CHAPITRE VIII

### CARICATURES CONTRE CALVIN ET LES RÉFORMÉS

J'aurais pu donner un aperçu des médailles satiriques qui se trouvent dans les musées. Il est peu de cabinets dans les vitrines desquels le curieux ne remarque burinée sur le bronze quelque association de diable et de pape, de furie et de cardinal : parodies de médailles officielles où le pouvoir spirituel avait été géminé jusque-là avec le pouvoir temporel et où les profils des papes étaient accolés à ceux de puissants empereurs. Suivant Klotz[1], les médailles satiriques fabriquées par les protestants furent répandues de 1537 à 1547 en Allemagne, en France et en Angleterre[2].

On voit à la Bibliothèque nationale un plomb

---

1. *Opuscula nummaria, de Nummis contumeliosis et satyricis*, 1772, in-8º.
2. Voir la reproduction de quelques-unes de ces médailles dans mon *Histoire de la Caricature au moyen âge et sous la Renaissance*. 2º édition, 1876. E. Dentu, 1 vol. in-18.

représentant une tête de cardinal accolée à une tête de fou. La légende porte : *des bapst. Gebot. ist. wider got.* MDXLIII. Traduction : « La domination du pape est contraire à Dieu. » Au revers une femme, portant un glaive et une croix, est assise sur un pape renversé qui tient une coupe à la main. Légende : « La fausse doctrine ne prévaut plus. *Falsghe. lere. gilt. night. mehr.* MDXLIII. »

Les protestants ayant fait servir l'art sévère des médailles au besoin de leur cause contre Rome, il n'y a pas lieu de s'étonner que les défenseurs de l'Eglise, accolant des têtes de fous à des têtes de diables, firent graver en exergue : *Calvinvs heresiarch. pessimvs*. Aussi faut-il voir le profond étonnement des anciens numismates en face de pareils types. Le père Jobert, qui fit graver deux de ces types satiriques pour la *Science des médailles*, disait : « Je n'aurais pas daigné en parler, si ce n'était que ces ridicules pièces sont fort connues et tombent aisément entre les mains des gens curieux qui se tourmentent inutilement pour les entendre; car, on a beau faire, il n'est pas possible de rendre intelligibles les visions de certaines têtes mal faites qui n'eurent jamais de raison. »

Brave savant! Enfoncé dans l'étude de ses médailles, il paraît n'avoir jamais ouï parler des querelles du catholicisme et du protestantisme!

Si on excepte quelques représentations symboliques traduites gravement par les réformés, les pamphlétaires attachés à leur cause se croient obligés d'ajouter aux rancunes déjà violentes des dessinateurs une série d'invectives contre Rome : peste, cancer, prostituée, vipère. Telles sont les litanies habituelles contre l'Église.

Ceux qui défendaient le catholicisme ne furent pas moins violents d'ailleurs que les réformés, à prendre pour type la *Généalogie et fin des huguenaux*, par Gabriel de Saconay, archidiacre de l'Église de Lyon. Le prêtre avait entrepris de lutter contre les huguenots qu'il appelle aussi *huguenons*[1] ! Ce calembour par à peu près a décidé de l'esprit du dessinateur employé pour illustrer le livre de Saconay. Les huguenots sont divisés en différentes espèces : les uns à tête de chien comme Luther, les autres à tête de loup comme Calvin, certains demi-renards, demi-singes voulant dévorer la France.

C'est particulièrement de Lyon, ville attachée profondément à la foi catholique, que partirent les pamphlets les plus hostiles à la Réforme.

En 1562, les protestants révoltés prirent les armes sous le commandement du baron des Adrets, et commirent de grands excès à Lyon et à Montbrison.

---

1. On prétendait que le nom de *huguenot* venait de celui de *guenau* ou *guenon*, sorte de singe. Voir le frontispice de l'ouvrage de Gabriel de Saconay, *Discours des premiers troubles advenus à Lyon*, etc., 1569, in-8°. Voir également du même auteur, *Généalogie et fin des huguenaux*, etc., *orné d'un frontispice et de deux figures dans le même genre*, Lyon, 1572, in-8°.

Un manuscrit de la bibliothèque de Lyon contient de curieux détails sur les guerres civiles et religieuses qui désolèrent la France pendant le règne des fils de Catherine de Médicis. Ce manuscrit a pour titre *de Tristibus Galliæ* et renferme des miniatures coloriées dont l'échantillon ci-contre, le seul satirique, montrera la valeur. En tête du livre Ier du poème se voit un dessin dont une note ancienne, postérieure au manuscrit, donne l'analyse : « Le lion, que l'on voit lié et dompté, représente la France que les hérétiques réduisirent à un état déplorable tant par les guerres civiles, en pillant, violant, tuant, saccageant et exerçant des cruautés inouïes envers les catholiques, que par leurs impiétés dont ils laissèrent partout les marques, en profanant les églises, en brisant les vases sacrés et foulant aux pieds les croix, les images et les reliques des saints. »

Ces hérétiques, l'auteur du manuscrit ne croit mieux pouvoir les dépeindre qu'avec des têtes de singes. N'était-ce pas agir en animaux que de briser les cloches, déchirer les ornements du temple, insulter le Christ, incendier et piller?

Il est à noter que les sectaires, bien plus que les chefs de la réforme, supportèrent ces représailles. On connaît peu de satires gravées ou dessinées en France à l'adresse de Luther; cependant on voit à Toulouse, dans l'église Saint-Sernin, une stalle curieuse relative à Calvin. Sur le bas-relief de

D'APRÈS UNE MINIATURE DU «DE TRISTIBUS GALLIÆ».
Manuscrit de la Bibliothèque de Lyon.

la miséricorde de la première stalle, à gauche du maître-autel, sont représentés trois hommes en contemplation devant un porc assis dans une chaire. Ce n'est plus là un analogue des caprices que les Flamands burinaient sur les principales stalles des églises de France. Ces personnages, dont l'un agenouillé tient un livre (sans doute une Bible luthérienne), en attachant des regards attentifs vers l'animal, ne ressemblent en rien aux *poupées* fantasques mêlées habituellement, sur les miséricordes, aux scènes de corporations d'ouvriers. Un petit drame satirique met en regard des hommes adorant ou écoutant pieusement un porc immonde. Singulier détail dans une église, surtout en le rapprochant de l'inscription *Calvin le porc!* Aussi M. de Montalembert avait-il, en 1833, signalé ce singulier monument dont il donnait une légende approximative : « *Calvin le porc preschant* », dit-il, rapportant de Toulouse un souvenir plutôt qu'un texte exact.

Le rôle du protestantisme ayant été profond dans les provinces méridionales de la France, et voulant ne pas m'en rapporter à des informations de seconde main, — on va voir combien elles sont dangereuses, — je chargeai d'abord un ami de me faire dessiner la stalle. Le croquis, quoique curieux, ne me suffisait pas ; je craignais que l'inscription n'eût été ajoutée postérieurement à la sculpture par quelque adversaire trop zélé du protestantisme : je me fis envoyer un dessin exact de l'inscription. En archéologie, on ne saurait être trop minutieux.

Cette première enquête modifia complètement la nature de l'inscription, comme il est facile de s'en apercevoir par le croquis que, grâce à l'obligeance de M. Viollet-Le-Duc, je pus obtenir. Un clou assez gros avait été enfoncé dans le milieu du mot, de façon à le rendre presque illisible. « Il n'est pas possible, m'écrivait M. Paul Bellet, que l'inscription porte *Calvin le porc.* »

De son côté M. Viollet-Le-Duc, dessinant à mon intention un trait rapide de l'animal, me répondait également : « Il est évident qu'un mauvais plaisant a fiché un clou, — car le rond haché est une tête de clou, — pour changer *père* en *porc.* »

On se trouve donc ici en face d'un problème non sans ressemblance avec la fameuse tache d'encre répandue sur le manuscrit de Longus par Paul-Louis Courier.

Ce n'est pas toutefois que l'ensemble de la miséricorde satirique en soit profondément modifié. Que l'inscription porte Calvin le *père* ou Calvin le *porc*, il n'en reste pas moins une scène représentant trois personnages dans une attitude d'humble adoration en face d'un animal que le sculpteur a prétendu donner comme un type de grossièreté ; car il ne serait pas impossible que ce quadrupède regardé jusqu'ici comme un porc soit un âne[1]. Les catho-

---

[1]. « L'animal représenté en chaire a tout l'air d'un âne et non

liques, qui appelaient Calvin *père*, — sans doute père de la doctrine des réformés, — ne prétendaient

DÉTAIL DE LA STALLE DE SAINT-SERNIN
d'après un croquis de M. Viollet-Le-Duc.

pas honorer son image en l'affublant d'une peau de porc ou d'âne.

d'un porc; ses oreilles sont redressées et rejetées en arrière. »
(Lettre de M. Paul Bellet.)

Comment et à quelle époque fut introduite cette stalle sous les voûtes de Saint-Sernin? Il est facile de le montrer en s'en rapportant à l'histoire de l'église.

On célébrait jadis chaque année, dans les églises

Stalle de l'église Saint-Sernin
à Toulouse.

de Toulouse, le vœu fait par les catholiques en 1562 afin d'être délivrés des protestants qui, dans la nuit du 12 au 13 mai de cette même année, s'étaient emparés du Capitole, de plusieurs églises et avaient profité des travaux de défense protégeant ces monuments[1]. Les catholiques ayant triomphé et repris possession des temples consacrés à leur culte,

---

1. Saint-Sernin dut être fortifié entre 1345 et 1351.

voulurent sans doute consacrer la mémoire de cet événement par quelque souvenir durable. Une stalle injurieuse pour les calvinistes fut commandée à quelque sculpteur du pays. Calvin, père ou porc, resta donc prêchant aux schismatiques un culte grossier. Quel est le juge d'instruction qui, en face du clou fiché dans l'inscription, n'accuserait tout d'abord un réformé d'avoir voulu protester contre cette symbolisation injurieuse?

Ces sortes de monuments, auxquels l'archéologie moderne prête une vive attention, éclairent les querelles religieuses du xvi$^e$ siècle et les rendent plus sensibles par un trait de burin ou un bas-relief que par l'écriture.

# CHAPITRE IX

### ANATOMIE DU LAID, D'APRÈS LÉONARD DE VINCI

De Louis XII à François I^er, l'esprit satirique français se manifeste bien plus par les récits des conteurs que par les crayons des peintres. Il faut en excepter toutefois certains détails architecturaux des monuments religieux et civils, qui continuent les traditions du moyen âge; mais le rôle de la pierre est terminé. L'imprimerie, la gravure, vont parler à tous la langue universelle, et c'est alors qu'à l'imitation des peintres de manuscrits, qui prêtaient leur radieux concours aux scribes, les graveurs sont appelés par les imprimeurs à fixer l'attention du public par des images en tête des livres : là particulièrement, pendant la Renaissance, l'esprit joyeux des graveurs en bois se donne carrière.

Les querelles domestiques, les débats entre les diverses classes de la société, les candale du jour, les revendications des droits des femmes, la traduction des péchés et des vices les plus habituels, trouvent des graveurs qui les traduisent sous une forme parfois plaisante; mais l'art de cette classe d'imagiers est encore dans les langes, et leur gaieté vaut mieux que leur science[1].

Ce fut à cette époque qu'un grand peintre, qui avait étudié de près la figure humaine, chercha quel parti l'art pouvait tirer du jeu des muscles et des nerfs. L'homme ne monta pas en chaire et n'ouvrit pas d'école. Ses croquis, il les dessinait pour lui seul, comme mementos; mais ne sait-on pas que toute chose trouvée par un être, l'enfermât-il dans un coffre à triple serrure, se répand sur l'époque tout entière, par cette raison que les pensées d'un homme, ses inventions, qui, parfois, le rendent si glorieux, sont autant l'œuvre de son siècle que la sienne.

Aristote, Aristophane, me semblent devoir autant à leur siècle qu'à leurs propres méditations. De certains courants circulent, qui développent les esprits et les rendent plus aptes à recevoir cette manne intellectuelle. Par contre, dans d'autres temps, des hommes qui avaient de hautes aspirations, se labourent inutilement l'esprit pour communiquer à leurs concitoyens la somme de génie qu'ils ont en eux : leur époque ne les porte pas; fatiguée, elle entend se reposer et elle laisse envahir par les mauvaises

---

[1]. Voir *Gravures sur bois tirées des livres français du XVe siècle*. Paris, Labitte, 1868. In-4º de 323 figures.

herbes les champs qui ne demandaient qu'à produire de riches moissons.

Léonard de Vinci, car c'est lui dont j'ai à parler, ne fut pas le fils chagrin d'une époque infertile. Recherché par les princes et les riches de son temps, ne répondant qu'à sa guise à leur empressement, il me paraît être l'un des premiers types de l'*artiste* tel qu'on l'a compris depuis, c'est-à-dire du personnage capricieux que les grands courtisent, et qui, dans son indépendance, néglige les travaux de commande pour se laisser aller à sa propre fantaisie.

Nous nous faisons, volontiers, en France, l'idée d'un Léonard burgrave et quelque peu académique. Pour avoir terminé ses jours à un grand âge, sous François Ier, le peintre italien a été maintes fois reproduit sous les apparences d'un vieillard sévère à longue barbe blanche. Il est un autre Léonard moins de tradition, plus vrai, *italien* dans le sens amusant du mot, et se délassant par la bonne humeur des soucis attachés à la poursuite de l'art.

De ce Léonard l'historien Lanzi a dit : « Un des mots favoris du Vinci était qu'on devait parvenir au point de faire rire, s'il était possible, jusqu'aux morts eux-mêmes. »

L'expression est un peu vulgaire et l'attestation de Lanzi semblerait insuffisante pour faire entrer dans les colloques d'un tel artiste une préoccupation de vaudevilliste si Vasari, plus sérieux admirateur du maître, le biographe à même de recueillir

Fac-similé d'un croquis de Léonard de Vinci.

des traits positifs de son presque contemporain, n'avait laissé d'autres récits plus caractéristiques sur l'humeur de Léonard :

> Un vigneron avait trouvé un lézard fort curieux ; Léonard s'en empara et fabriqua, avec des écaillées arrachées à d'autres lézards, des ailes qu'il mit sur le dos, et qui frémissaient à chaque mouvement de l'animal, à cause du vif-argent qu'elles contenaient. Il lui ajusta en outre de gros yeux, des cornes, de la barbe, et, l'ayant apprivoisé, il le portait dans une boîte, d'où il le faisait sortir pour effrayer ses amis. Léonard aimait à se divertir par de semblables inventions.

Cette historiette fait penser aux fameux mystificateurs de l'armée d'Afrique pendant les premières années de l'occupation, à ces indisciplinés « zéphyrs » qui vendaient aux voyageurs des rats à trompe, c'est-à-dire de vulgaires animaux auxquels ils avaient fait subir des opérations de rhinoplastie bizarre.

> Souvent, dit encore Vasari, Léonard faisait nettoyer et dégraisser minutieusement les boyaux d'un mouton, et les réduisait au point de pouvoir les renfermer dans la paume de la main ; après en avoir introduit un bout dans une pièce voisine de celle où il recevait, il y adaptait un soufflet de forge et les gonflait par ce moyen de telle sorte que les visiteurs devaient se réfugier dans un coin et quelquefois sortir.

A en croire Vasari, de ces amusettes le peintre faisait jaillir quelque morale inattendue : « Léonard comparait la vertu à ces boyaux transparents qui tenaient d'abord si peu de place et à qui il en fallait une si grande ensuite. » Tout cela est très bien, mais je ne m'attarderais point à ce métier de pointeur d'anecdotes si elles n'éclaircissaient jusqu'à un certain point le sens des dessins du maître, publiés un siècle après sa mort.

Il est peu de peintres qui, dans les amas de croquis bourrant leurs portefeuilles, n'aient laissé trace de caprices nés dans leur esprit. Les plus sérieux ont leur minute de fantaisie. Holbein, dessinant après une lecture de *la Folie* d'Érasme, des croquis sur les marges du manuscrit de son ami, nous fournit un

D'après un dessin attribué à Albert Durer.

de ces exemples. Albert Durer également en faisait une distraction à ses graves emblèmes, mais le plus significatif entre tous fut Léonard de Vinci. Son crayon, sans cesse en alerte, était conduit par un esprit curieux, analytique, qui cherchait, creusait, et en même temps comparait toute chose : la jeunesse et la vieillesse, la laideur et la beauté. Employant un certain nombre de personnages dans ses compositions, Léonard fut préoccupé de leur donner un caractère de diversité pour lequel un repoussoir était utile. Peintre du beau, il ne craignit pas de descendre dans l'antre du laid, et c'est pourquoi l'artiste étudia complaisamment l'avilissement de la physionomie humaine, même quand elle n'est pas relevée par un rayon de l'âme.

A regarder l'ensemble des croquis de basse catégorie qu'a laissés Léonard de Vinci, on se dit qu'il a outré comme à plaisir la laideur de l'homme, quoiqu'elle soit fertile en déformations. Nous les voyons rarement à un tel nombre d'exemplaires ces excessives difformités du visage, et l'ouvrage du peintre, recueilli plus tard par ses admirateurs, pourrait servir d'album explicatif à un traité de tératologie[1].

Il semble que Léonard ait voulu parfois se montrer plus rigoureux que la nature vis-à-vis du masque humain, et on peut affirmer que par là il a dépassé le but, car l'horrible a ses limites, même dans les maisons de fous, où sans doute le peintre alla chercher quelques-uns de ses croquis. Toutefois, de l'en-

---

1. *Disegni de Leonardo da Vinci incisi e publicati da Carlo Giuseppe Gerli Milanese.* Milan, MDCCLXXXIV. Pet. in-folio de 16 p. et de XLV planches, plus XVI pl. de supplément.

semble de ces dessins ressort un caractère bien particulier de gravité. Léonard ne ricanait pas des misères humaines; il étudiait comment et à quelle profondeur peut rentrer la bouche, quelles courbes subissent le nez et le menton, alors qu'ils ne sont plus arrêtés par la barrière des dents; comment, au moral, le *mens sana* ayant perdu son équilibre, le système nerveux broie à la longue le mors de la volonté et la déroute qu'en subit le masque humain.

De certains vieillards Léonard fit des êtres désillusionnés, réfléchissant avec amertume sur le passé qui a enlevé leurs illusions, sur le présent qui en détache d'autres encore, sur l'avenir qui n'en doit pas laisser une; d'autres témoignent au contraire d'une grande gaieté : la vie et l'estomac leur ont été bons. Quelques types d'hébétement intellectuel sont joints à cette série de portraits; mais surtout, ce qu'il faut noter, Léonard n'eut pas de pitié pour la femme : on croirait qu'il se venge d'en avoir idéalisé un si grand nombre dans ses peintures. L'être féminin est plus malmené par le peintre italien que par les caricaturistes de profession, car la plupart d'entre ceux qui poursuivent l'homme de leurs sarcasmes semblent témoigner de leur culte pour le beau en respectant la femme.

Si on jette un coup d'œil sur l'œuvre de Léonard, on voit qu'il appliqua son talent de peintre à rendre les beautés de son temps, des madones plus tendres que pieuses. Il abusa même du charme des cheve-

Fac-similé d'un dessin de Léonard de Vinci.

lures crespelées, et par là il fait penser à la manière de Ronsard; mais, moins solennel que le poète,

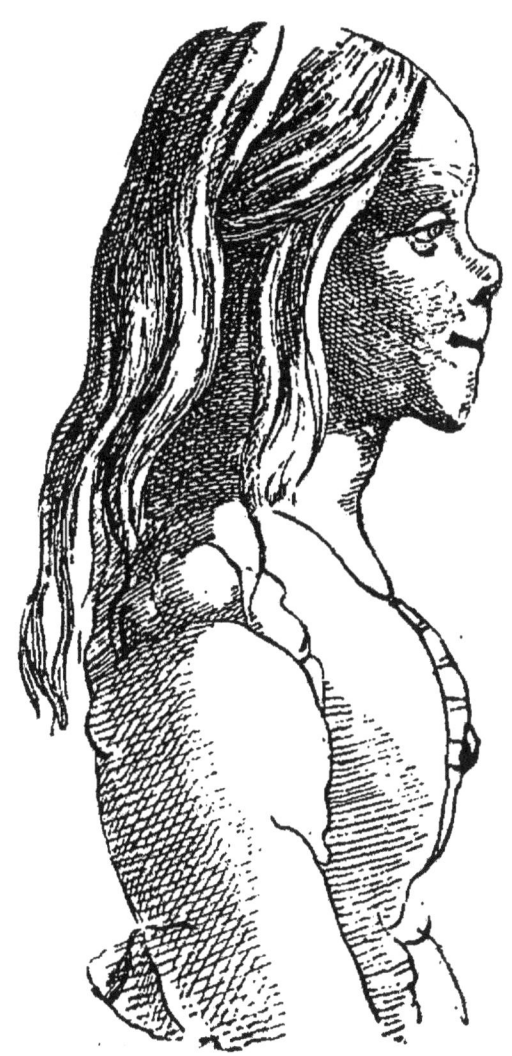

Fac-simile d'un dessin de Léonard de Vinci.

Léonard abandonne parfois ces gentillesses pour tomber dans les excès de Regnier.

Vasari rapporte combien le peintre recherchait les excentriques des basses classes et l'intérêt qu'il trouvait à reproduire leurs traits : « La rencontre de quelque homme à tête bizarre ou expressive, portant barbe ou cheveux singuliers, lui faisait un tel plaisir qu'il se serait volontiers pris à le suivre un jour entier; et il se le rappelait si bien qu'il le dessinait ensuite comme s'il eût posé devant lui. »

Comme Lavater eût été heureux de rencontrer un Léonard et l'admirable traité de physiognomonie dont nous jouirions! Car la froide exactitude n'est que secondaire en ces matières; ni la photographie, ni les appareils électriques, appliqués sur la figure humaine par le docteur Duchêne de Boulogne, ne valent l'approfondissement de l'être intérieur par le regard d'un maître.

Tels m'apparaissent à première vue les dessins de Léonard de Vinci, sans autre guide que le dessin lui-même. En me reportant aux commentaires de Gerli d'après ces croquis, je vois que le peintre cherchait surtout à reproduire les masques de vieux paysans, dont la bise a sillonné la peau de rides de campagne, car les rides de ville ne ressemblent nullement à celles de ces peaux tannées.

On sait, dit Gerli, que Léonard, voyant une tête bizarre, *una testa caricata correale dietro*, ne l'abandonnait pas jusqu'à ce qu'il en eût pris un croquis; qu'ensuite il la caricaturait pour mieux avoir présent à l'esprit de quels traits résultait la caricature.

Commentaire dont la plupart des motifs dessinés par Léonard font connaître l'exactitude.

Dans le laid comme dans le beau, le peintre de la *Joconde* sacrifia à l'idéal; mais pour arriver à cet idéal, combien d'études positives de l'artiste, qui poussait aussi loin que possible l'amour des observations

Fac-similé d'un dessin de Léonard de Vinci.

exactes! Je détache du *Traité de la peinture*, de Léonard[1], le *moyen pour se souvenir de la forme d'un*

---

1. *Traité de la peinture de Léonard de Vinci*, donné au public et traduit d'italien en français, par R. F. S. D. C. (de Chambray). Paris, Jacques Langlois, MDCLI, in-folio.

*visage;* ce fragment pourra être utile à quelque peintre.

« Si vous voulez retenir sans peine l'air d'vn visage, apprenez premièrement à bien desseigner plusieurs testes, bouches, yeux, nez, mentons, encolleures et espaules ; et, par exemple, les nez sont de dix manières, droits, bossus, cauez, releuez plus haut ou plus bas que le milieu, aquilins, esgaux, plats ou escachez, ronds et aigus : ceux-là sont propres à estre veus de front, il s'en trouve d'vnze formes differentes, d'esgaux, de gros au milieu, de deliez au milieu, de gros par le bout, et deliez proche des surcils, de deliez par en bas et gros par le haut, des narrines larges, d'autres estroittes, de hautes, de basses, des ouuertures retroussées, d'autres rabattues et couuertes du bout du nez ; et ainsi vous trouuerez quelques particularitez aux autres moindres parties, toutes lesquelles il faudra que vous obseruiez sur le naturel pour les mettre en vostre imagination : ou bien lorsque vous aurez à peindre vn visage ou quelqu'vne de ses parties, portez des tablettes auec vous où vous ayez desseigné de telles remarques et obseruations, et, après auoir jetté vne œillade sur le visage de la personne, vous irez examiner en vostre recueil à quelle sorte de nez ou de bouche celle-là ressemble, et y marquerez legèrement quelque signe pour le reconnoistre, et puis estant au logis le mettre en oeuvre. »

Cet enseignement pédagogique, Léonard le réalisa fréquemment dans la pratique. On trouve dans ses dessins des séries de types où tantôt le nez, tantôt le menton, tantôt la bouche sont étudiés, chacun, dans leurs flexions et leur retombée ; aussi une édition de son *Traité de peinture* serait-elle intéressante, illustrée à l'aide de ces croquis parlants.

Un exemple bien caractéristique des résultats produits par de semblables études est depuis longtemps sous nos yeux en France ; mais la légèreté primitive avec laquelle fut acceptée sans contrôle une affirmation semi-officielle, empêcha tout d'abord d'y prendre garde.

On voit au Musée de Versailles un portrait d'une exécution très-médiocre ; pourtant ceux qui ont jeté les yeux sur ce masque ne sauraient guère plus l'oublier qu'un de ces cauchemars dont les formes persistantes s'attachent au cerveau. C'est le portrait de la comtesse Marguerite, du Tyrol. La représentation de la laideur n'a, nulle part, été poussée plus loin, et Louis-Philippe, qui avait détaché cette affreuse image de la collection du château d'Eu, ne fit pas, en l'exposant à la vue d'un public bourgeois peu respectueux, preuve de galanterie pour les souveraines des époques antérieures.

Qu'on s'imagine une guenon de foire, coiffée d'un bonnet du XIVᵉ siècle, qu'on emprisonne ses mamelles plissées dans un justaucorps assez échancré pour qu'aucun détail ne soit perdu des rides des glandes mammaires, et qu'on écrive sous la cage d'un pareil monstre : « *Marguerite à la grande gueule, comtesse du Tyrol*[1]. »

A quoi bon insister sur le masque simiesque de cette personne, son ahurissement animal auprès duquel celui de feu le bouffon Grassot semblerait

---

1. D'autres graveurs la qualifient de « comtesse *Marguerite*, surnommée *Maultuscha*, c'est-à-dire, *gueule-de-sac*. »

une expression noble et académique? Je ne m'appesantirai pas sur ces laideurs; aussi bien elles sont fausses. La nature ne doit pas être accusée d'une pareille erreur; elle jugea inutile de jeter dans le moule destiné aux macaques une femme qui devait régner sur un petit pays.

Ce n'est pas que je défende la comtesse Marguerite au profit du trône; mais poursuivi par le souvenir de gravures reproduisant cette abominable guenon dans ses atours de princesse, les retrouvant sur les quais, à la montre des marchands d'estampes, et surtout en voyant une reproduction gravée scrupuleusement dans les *Galeries historiques de Versailles* de Gavard, j'ai dû rechercher l'origine de ces représentations notoirement mensongères.

On ne saisit pas tout d'abord les motifs qui donnèrent lieu à cette tromperie. La comtesse Marguerite, qui cédait en 1364 le comté du Tyrol à la maison d'Autriche, mena une vie dissolue, disent les historiens. Ce qui ne suffit pas à faire, même d'une Messaline, la descendante d'un orang.

En feuilletant le recueil des dessins de Léonard de Vinci, l'enchaînement d'une telle mystification est visible. Ce prétendu portrait de la comtesse Marguerite est la copie du croquis ci-contre du maître italien, croquis auquel un dessinateur postérieur, pour foncer sa tricherie, ajouta des oripeaux historiques, semblables à ceux qu'imaginait parfois Léonard.

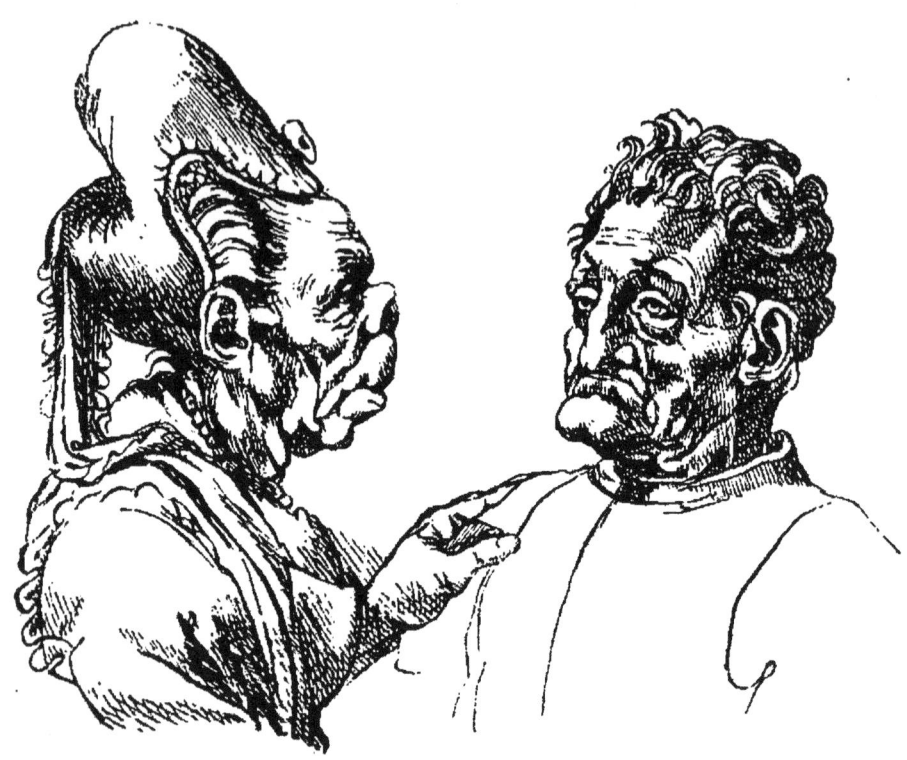

Fac-similé d'un dessin de Léonard de Vinci.

Non content de l'extravagance des têtes, dit Gerli, Léonard cherchait souvent à en accroître le ridicule avec le vêtement, avec les coiffures principalement, et avec les ajustements adaptés au caractère de la face.

C'est seulement en 1787 qu'apparaît la première estampe si insultante pour la mémoire de la comtesse du Tyrol; elle est gravée par Demarteau, d'après un certain G... qui aurait dessiné le portrait dix ans plus tôt (*G. Paris, del.* 1777). D'autres gravures, lithographies, coloriages de cette monstruosité suivirent, qu'on peut consulter au Cabinet des estampes[1].

Quoique issu du crayon de Léonard de Vinci, et en le dépouillant de ses oripeaux d'emprunt, ce croquis ne mériterait pas tant d'attention. Il y a dans la charge la plus excessive un point d'arrêt, et la caricature est plus enfermée dans le cercle de la réalité que beaucoup ne se l'imaginent.

Si le masque humain n'est pas visible sous l'exagération des lignes, le caricaturiste peut exercer son

---

1. M. Clément de Ris, conservateur du Musée de Versailles, à qui je fais part de mes doutes, est également d'avis que l'identité de ce portrait avec le personnage de Marguerite du Tyrol n'a rien de sérieux. Mon ami E. Soulié avait fait, de son côté, dans la *Notice du Musée de Versailles* (t. III, 1861) justice de la légèreté de M. Gavard, éditeur des *Galeries de Versailles*. On voit, en outre, au Cabinet des Estampes une gravure du commencement du xviie siècle représentant « Margarita Maultaschia » sous l'apparence respectueuse d'une souveraine, et non plus d'une guenon.

métier rue Saint-Jacques et y tirer parti de ses grimaces comme un pîtse à la porte d'une baraque de foire ; si, à l'aide du physique, accusé par des lignes grossies et d'ample tournure, il ne fait pas voir le moral de l'individu représenté, qu'est-ce autre chose qu'un bas crayonneur, devant l'œuvre duquel tout esprit sérieux détournera les regards?

Le comique ne doit sa puissance qu'à une étude profonde de l'être humain, de ses passions, et l'ouvrier assez peu perspicace pour ne pas lire dans l'intérieur de l'homme comment les vices, l'amour de l'argent, la grossière sensualité ont déformé certaines parties du visage, peut entrer en qualité de commis dans un magasin de nouveautés.

C'est un art qui a son élévation que la caricature. Elle est, je l'ai dit déjà et ne saurais trop le redire, l'arme vengeresse, le châtiment, la conscience vibrante d'un artiste, qui parfois traduit les sentiments d'un peuple opprimé, le soutient et le relève ; la caricature est encore une invocation à la beauté meurtrie et maculée par la civilisation ; aussi faut-il pour exercer cet art un crayon vigoureux, qui aspire au grand, au lyrique, et tienne de l'Aristophane.

Avec Léonard de Vinci il n'en est pas de même. C'était un physiognomoniste de la race de ceux qui ont cherché les transitions insensibles, menant de l'Apollon à la grenouille : le maître s'inquiétait à la fois des points qui séparent l'homme de l'animal et de ceux qui l'en rapprochent. Dans un tel courant d'idées, l'ordre des primates dut préoccuper particulièrement Léonard; peut-être le grand artiste

Fac-similé d'un dessin de Léonard de Vinci.

prêta-t-il l'oreille aux idées des Darwin de son époque.

Toutefois Léonard de Vinci ne semble avoir étudié que la physionomie extérieure des êtres; son crayon ne va pas plus avant. Mais l'artiste voulut créer et dépasser la nature; il avait en toute science l'amour de la recherche poussé très loin, et cherchait le plus pour avoir le moins. Ses cahiers de croquis, il faut les regarder comme des indications exagérées à dessein, un système tératologique poussé à l'extrême, un de ces jeux d'esprit non sans ressemblance avec ceux de Bacon, s'amusant à faire besogne de rhéteur et à soutenir le pour et le contre d'une question.

Je ne voudrais pas paraître trop me complaire à cette anatomie du laid; après de telles études, on sent le besoin de se reposer sur quelque noble figure.

Léonard de Vinci doit être innocenté de sa curiosité anatomique de nerfs grimaçants : au public de son temps il ne montrait que le beau, il gardait comme dans un laboratoire secret ces monstruosités, et il a fallu la curiosité des modernes pour les en tirer. Avant Gerli, le graveur Hollar en avait donné une interprétation à Anvers, en 1645; le comte de Caylus introduisit ces curiosités dans le xviiie siècle, mais le Flamand et l'archéologue français ne se doutaient pas du fâcheux exemple que de telles images devaient produire.

Ici un maître s'était recueilli, demandant à la nature le secret des déformations de la face humaine; là des imagiers sans intelligence outragèrent l'homme à plaisir, éborgnèrent les gens, infligèrent à leur bouche un rire sans gaieté, démeublèrent cette bouche, outrèrent les traits sans préoccupation de la nature, et employèrent des burins patients à cet avilissement du masque humain.

C'est la caricature qui pose son pied sur le clavier des manifestations humaines, mais lourdement et sans esprit; elle descendit plus tard quelques échelons, trouva un terrain moins prétentieux et se montra légère, avec son bonnet de fou, ses grelots et sa marotte remplaçant, parfois par plus d'intention que de savoir l'enseignement qu'elle aurait pu puiser dans l'étude de la nature, ainsi que l'avait indiqué Léonard de Vinci, même dans ses jeux de plume.

## CHAPITRE X

### CATHERINE DE MÉDICIS

Plus j'entre dans l'étude du passé à l'aide des images populaires, et plus je me sens ramené vers les calmes régions où l'histoire prononce son verdict impartial sur les actes des rois et des princes : les pamphlets et les images exprimant la fureur et les calomnies des partis ont pour privilège de reporter vers les récits que nous ont laissés des temps troublés les écrivains poussés par la recherche de la vérité.

On risque trop gros jeu à juger légèrement ces servants de la politique qui, endossant les passions d'une époque et résumant au point de vue légendaire les crimes de leur temps, nous apparaissent vêtus d'une robe sanglante de Nessus. Qui dit Catherine de Médicis entend le glas des cloches de la Saint-Barthélemy. Il faut cependant se reporter aux époques où le sang coulait facilement, où le mot *massacre* n'inspirait pas les mêmes sentiments d'horreur qu'aujourd'hui, où, malgré un certain poli des mœurs, les inflexibles cruautés des temps précédents n'étaient effacées qu'à la surface. Il faut songer au lieu de naissance de la reine, à sa nature italienne, aux complications dans lesquelles elle se trouva plongée, à l'esprit des principaux personnages de la cour, aux tendances de la noblesse de province, à la poussée que le peuple lui-même imprimait à la volonté royale; et alors, sans innocenter Catherine, on jugera plus sainement, je crois, son action politique, alors que les défenseurs du trône étaient peut-être aussi dangereux que ses adversaires.

Les persécutions qui furent ordonnées contre les protestants, les édits contradictoires qui toléraient ou persécutaient les réformés, les nombreuses guerres civiles à l'intérieur, les supplices, l'intervention de Philippe II en France contre les « hérétiques, » les partisans du libre examen voués aux flammes du bûcher, n'ont pas prédisposé les calvinistes en faveur de Catherine de Médicis; aussi se sont-ils servis le plus souvent de l'arme du pamphlet pour peindre la femme et la rendre méprisable. Il en est des pamphlets comme des caricatures : ces miroirs grossissants et convexes ne sont pas absolument exacts; on peut s'en servir, à la condition de les redresser, ne pas trop se fier aux détails qu'ils mettent en pleine lumière, et prendre garde surtout au développement des verrues du modèle.

Après les exécutions qui suivirent l'avortement de la conspiration d'Amboise, le pape, voulant en témoigner sa reconnaissance au cardinal de Lorraine, lui envoya, dit-on, avec une lettre de congratulation, un tableau de Michel-Ange représentant la Vierge tenant son fils dans ses bras. Mais il arriva que le courrier, porteur de ce message, tomba malade en route et chargea de sa commission un jeune marchand lucquois, qui se disait catholique et de la maison du cardinal de Lorraine, auprès duquel il retournait. Ce Lucquois, arrivé à Paris, fit faire à un peintre un tableau de même grandeur que celui envoyé par le pape, mais d'une piété moins grande. Le cardinal de Lorraine, la reine sa nièce, la reine-mère et la duchesse de Guise « estoient peints au vif, nuds, ayant les bras au col et les jambes entrelacées l'un avec l'autre. » Ce nouveau tableau, ayant été soigneusement empaqueté dans l'enveloppe du Michel-Ange, fut envoyé, avec les lettres du pape, au cardinal qui était alors en conseil. Le cardinal de Lorraine lut d'abord les lettres de Sa Sainteté et remit au lendemain le plaisir de voir le tableau ; et même il fit inviter à dîner les cardinaux de Bourbon, de Tournon et de Guise, les ducs de Montpensier et de Guise, ainsi que quelques autres grands seigneurs. Les invités étaient au second service lorsque le cardinal de Lorraine leur donna lecture des lettres du pape ; ce qui leur inspira un tel désir de voir le tableau qu'ils quittèrent la table. Quel fut leur étonnement et dans quel accès d'irritation entra le cardinal lorsque, l'enveloppe enlevée, apparut la représentation diabolique de ces entrelacements sensuels qui n'avaient rien de commun avec la Vierge envoyée par le chef de la cour romaine ! « Lequel (le cardinal de Lorraine), dit le conteur, cuidant que ce fussent les huguenots qui luy eussent joué ce tour, leur a causé beaucoup de maux qui leur sont depuis survenus[1]. »

Le directeur de l'utile petite revue, l'*Intermédiaire*, M. Charles Read, à qui je dois l'indication de cette historiette, ajoute : « La substitution de tableaux satiriques à d'autres tableaux était, paraît-il, un des moyens habituels de mystification employés à la cour des Valois, cour spirituelle, poétique, artistique, s'il en fut, mais aussi peu morale, comme chacun sait. » D'où une nouvelle histoire, redite malheureusement moins piquante de la première :

Ce qui irritait aussi bien fort [Catherine de Médicis], dit le même auteur, fut un tableau de quatorze serviteurs secrets de la Royne, entre lesquels le Peron tenoit le premier rang, peints au vif avec elle. Lequel le chevalier de la Bateresse supposa un jour (ainsi que l'on m'a dict) au lieu d'un dessin de sa maison des Tuyleries qu'il trouva sur le lieu de l'antichambre de la Royne, et l'enleva subtilement, logeant en sa place le tableau, lequel tout

---

1. *Le Réveille-matin des François et de leurs voisins, composé par Eusèbe Philadelphe Cosmopolite, en forme de dialogues.* (A Édimbourg [sans doute Basle], de l'imprimerie de Jacques James, avec permission. 1574.

après fut veu, au grand regret de la dame et détriment de sa bonne renommée... Ceste supposition de tableau envenima fort la Royne contre les huguenots, qu'elle cuydoit lui avoir joué le tour.

L'auteur du *Réveille-matin des François* me paraît un de ces reporters qui recueillent toutes les histoires des commères d'un quartier, et au besoin en inventent, pour en emplir leur gazette. Si les partisans de la Réforme n'avaient infligé que de pareilles égratignures à Catherine de Médicis, le royaume n'eût pas été ensanglanté comme il le fut sous les malheureux règnes de Henri II et de Henri III.

Un renseignement ressort cependant de ces malicieuses peintures, on le verra tout à l'heure; mais avant il est bon de jeter un coup d'œil sur les mœurs de la reine sans trop s'en rapporter aux pamphlets sur les « déportements » de Catherine de Médicis. Brantôme en a donné un portrait très-vivant : « Elle estoit, dit-il, de fort belle et riche taille, de grande majesté; toutefois fort douce quand il falloit, de belle apparence, bonne grâce, le visage beau et agréable, la gorge très-belle, blanche et pleine, fort blanche aussi par le corps, et la charnure belle, et son cuir net. De plus elle s'habilloit toujours fort bien et superbement, et avoit toujours quelque gentille et nouvelle invention. »

Le langage est un peu cru, comme celui de Brantôme habituellement, et tout autre que lui paraîtrait aller un peu loin dans les détails de cette belle

*Or ça, cher, vois, mais librement*
*Comme tous trois nous rions.*
(D'après une estampe allemande du commencement du XVIIe siècle.)

personne « fort blanche aussi par le corps. » Ce qu'il y a de certain, c'est que peu de temps après son arrivée en France, Catherine avait favorisé la galanterie à la cour et qu'elle suivait les chasses galantes de François I^er à Chambord, en compagnie de nobles filles qui, à en croire les contemporains, se faisaient tour à tour religieuses de Vénus et de Diane.

Un historien moderne, très-réservé, et qui ne se laisse guère aller à écouter les historiettes des chroniqueurs, M. Amédée René, dit que la reine « avait des pièges et des séductions appropriés à toutes les faiblesses. C'était souvent par les filles de son cortège qu'elle attaquait et soumettait ses plus rudes ennemis ; elle-même, peu accessible aux impressions de l'amour, n'utilisait guère ses charmes qu'au bénéfice de ses projets. »

On sait le mot d'Henri de Béarn qu'elle voulait plier à sa politique, et qui, quoique fort galant, résista à l'escadron de jolies personnes de la cour dont la reine-mère s'était fait suivre, comptant que le Béarnais succomberait en face d'un si tentant bataillon : « Madame, il n'est que temps. »

L'amour entra donc comme atout dans le jeu de Catherine de Médicis ; elle-même dans les parties décisives, se donna peut-être comme enjeu ; mais, malgré la liberté de mœurs de la cour des Valois, l'auteur du *Réveille-matin des François* me paraît avoir exagéré l'orgie de ses peintures satiriques.

Je me fie médiocrement au sectaire qui force la

note ; faut-il avoir plus de confiance dans le père Garasse, écrivain catholique ? Il a donné un détail piquant qui confirme pourtant, jusqu'à un certain point, la mode des tableaux satiriques à cette époque. Et quoique cet écrivain un peu fanatique doive être lu avec précaution, l'histoire qu'il attribue à Jeanne d'Albret est utile à mentionner :

> Comme elle estoit, dit-il, grandement adonnée aux devises, elle fit de sa main de belles et grandes tapisseries, entre lesquelles il y a une tente de douze ou quinze pièces excellentes qui s'appelle *les Prisons brisées,* par lesquelles elle donnoit à connoistre qu'elle avoit brisé les liens et secoué le joug de la captivité du Pape. Au milieu de chaque pièce, il y a une histoire du Vieu Testament qui resent la liberté et comme la délivrance de Suzanne, la sortie du peuple de la captivité d'Égypte, l'élargissement de Joseph. Et à tous les coins il y a des chaisnes rompues, des menottes brisées, des strapades et des gibbets en pièces, et par-dessus en grosses lettres ce sont ces paroles de la deuxième aux Corinthiens, Ch. III : *Ubi spiritus, ibi libertas.* Pour montrer encore plus clairement l'animosité qu'elle avoit conceüe contre la religion catholique, et nommément contre le sacrifice de la messe, ayant une très belle et excellente pièce de tapisserie faite de la main de Marguerite, sa mère, et craignant qu'elle ne se laissât cajoler par les ministres, en laquelle estoit broché parfaitement le sacrifice de la messe, et le prestre qui monstroit la saincte hostie au peuple, elle arracha le quarreau qui portoit cette histoire, et, au lieu du prestre, y substitua de sa main un renard, lequel, se tournant au peuple et faisant une horrible grimace, et des pattes et de la gueule, disoit ces paroles : *Dominus vobiscum*[1].

Un tel détail ne jure pas avec ce que nous savons de la vaillante mère de Henri IV : appartenant en-

---

[1]. Garasse, *la Doctrine curieuse*, Paris, 1623.

tièrement à l'Église réformée, elle souffrit, lutta pour la Bible, employa pour la défense de ses doctrines toutes les armes dont femme elle pouvait disposer et, en tant que femme, se prêta volontiers aux malices que n'avait point dédaignées Mélanchton lui-même.

Qui sait si on ne retrouvera pas un jour cette tapisserie satirique? Qui sait si les recherches historiques n'amèneront pas d'autres renseignements sur les images à « platte-peinture » du temps de la Ligue? La *Satyre Ménippée* donne déjà une idée de l'esprit confus mi-partie allégorique mi-partie caustique dont était animée la bourgeoisie de l'époque.

Je n'ai pas eu d'autre but en évoquant le souvenir de Catherine de Médicis et de Jeanne d'Albret. Mes défiances exposées, il reste de ce temps des images singulières qu'un chercheur ne doit pas négliger et qui peuvent servir, non pas précisément à l'historien, mais au peintre des mœurs et coutumes de ces époques tourmentées.

## CHAPITRE XI

### HENRI IV ET LA LIGUE

On est heureux de trouver dans l'histoire de grands politiques qui ont aimé l'humanité et qui, rois ou conquérants, se sont souvenus qu'ils étaient hommes et ont traité leurs sujets comme tels. Entre ces conducteurs des peuples, si rares qu'on les compte, ceux qui, malgré le souci des affaires, ont joint la cordialité à la bonhomie, Henri IV est resté en France un idéal tout particulier, résumant les qualités et les défauts de la nation et quasi populaire à notre époque où la popularité de tout ce qui touche au trône paraît singulièrement dédorée.

Sans doute la réputation du Béarnais a dû bénéficier du repoussoir des scènes sanglantes de la Ligue, de la politique ambiguë de Catherine de Médicis et de ses fils, des tendances inquisitoriales qu'un Philippe II croyait pouvoir implanter en France. Qu'importe? Henri IV n'en fut pas moins hu-

HENRI IV
(D'après une gravure de Golztius.)

main, brave, loyal, et si sa popularité qui a traversé les siècles était due au calme qu'il fit succéder aux troubles de son temps, n'est-ce pas un enseignement pour les hommes au pouvoir que d'acquérir un juste renom par la loyauté, le patriotisme, le désir de rendre les peuples heureux ?

En étudiant la vie de Henri IV, je ne peux m'empêcher de songer à l'influence héréditaire particulière, sans laquelle se produisent rarement les grands hommes, celle de la mère. Il est peu d'esprits complets sans les tendresses maternelles ; elles semblent couler dans les veines du nourrisson avec le lait. Derrière l'image de Henri IV apparaissent toujours pour moi celle de Jeanne d'Albret, celle du grand-père et de la grand'mère, tous gens fortement trempés.

Henri d'Albret voulut que sa fille Jeanne accouchât en chantant, « afin qu'elle ne lui fît pas un enfant pleurard et rechigné ». Pendant le travail de l'enfantement, Jeanne entonna le cantique :

Nous te Dame deü cap deü poux...

Ce fut au son de cet hymne, disent les chroniqueurs, que l'enfant vit le jour[1].

Prenant l'enfant dans ses bras, le grand-père lui

---

1. Ceux qui ont l'amour de la mélodie pompeuse et étoffée trouveront ce morceau dans mes *Chansons populaires des provinces de France*. Paris, 1860.

frotta les lèvres avec de l'ail, les humecta d'un peu de vin de Jurançon et s'écria avec orgueil : « Ma brebis a enfanté un lion. » N'est-ce pas un beau tableau biblique et qui annonce la venue d'un homme ?

La plupart des gens réfléchis d'alors, de ceux que remuait le souffle de la Réforme, étaient taillés sur ce patron : hostiles à la papauté, mais croyants sincères et rendus braves et fermes par les luttes qu'ils avaient à subir. D'Aubigné parlait plus tard des soldats d'Henri de Béarn comme de gens qui, grâce « à la vertu de la vieille phalange huguenote, de père en fils sont apprivoisés à la mort ». Avant l'engagement d'une bataille, les ministres du camp du Béarnais entonnaient la prière de l'armée et les soldats répétaient en chœur un verset du psaume :

> La voici l'heureuse journée
> Que Dieu a faite à plein désir.

La vie de luttes du jeune Henri fait songer à Luther, à ses luttes d'un autre ordre, à sa sérénité, à ses chants.

L'éducation de l'enfant fut poursuivie d'après ces principes, et quelques lignes d'un contemporain suffiront pour peindre le jeune homme appelé à de grandes destinées : « A l'âge de treize ans, il a toutes les qualités qu'on peut avoir dans un âge plus avancé ; il est agréable, il est civil, il est obligeant... Il vit avec tout le monde d'un air si aisé qu'on fait toujours la presse où il est ; il agit si noblement en toute chose qu'on voit bien qu'il est un grand prince... »

Lorsqu'il partit pour sa troisième guerre, la bataille de Jarnac, Henri n'avait que quinze ans, mais quinze ans consolidés par des principes que lui avait inculqués son précepteur : « Ou vaincre avec justice, ou mourir avec gloire. » Jeanne d'Albret, voulant rendre son fils inaccessible aux faiblesses, fit frapper une médaille qui portait, avec son effigie et celle de l'enfant, ces belles paroles : *Pax certa, victoria integra, mors honesta.*

On ne trouve pas de maximes de cette trempe dans l'armée des Guises. Catherine de Médicis étudiait Machiavel ; à la cour des Bourbons les héros semblent s'être nourris de Plutarque. Vaincre avec justice, mourir glorieusement, sont une des devises de l'ancienne race qui répondaient directement au cœur de la nation française. Si Jeanne d'Albret communiqua plus particulièrement le courage à son fils, il n'en fut pas de même de la foi religieuse.

Sans être aussi irrésolu que son père qui, au milieu de son entourage de huguenots, ne pouvait se détacher complétement du catholicisme, Henri de Béarn avait quelque peu du scepticisme de Montaigne qu'il admirait. Tout ce monde, à partir de François Ier, est à cheval sur un *peut-être* qui caractérise l'époque de la Renaissance. Quand quelqu'un discutait sur la vie éternelle en présence de Marguerite, sœur de François Ier, et grand'mère de Henri IV : — Tout cela est vrai, disait-elle ; mais nous restons bien longtemps morts sous terre avant d'en venir là. »

Avec sa gaieté d'humeur, son esprit de tolérance, son inclination aux sentiments populaires, le caractère de Henri de Béarn se prêtait médiocrement à l'austérité protestante ; aussi ne lui fut-il pas difficile d'abjurer et de faire ce qu'il appelait spirituellement « le saut périlleux ». Du moins il ne le fit pas en hypocrite. Lorsque Henri discuta avec les prélats les conditions de son abjuration, il demanda, dit l'Estoile, « qu'on ne le forçât pas si avant en sa conscience que de l'astreindre à des serments étranges et à signer et croire des badineries qu'il s'assuroit que la plupart d'entre eux ne croyoient pas ».

*Badineries !* Le mot est joli et bien d'un contemporain de l'auteur des *Essais*. En badinant de la sorte, Henri IV assurait à ses coréligionnaires la fin de longues persécutions et un commencement de liberté. C'est grâce à ces accommodements d'esprit que l'édit de Nantes, signé en 1594, terminait les luttes sanglantes du XVIe siècle.

« Paris vaut bien une messe » est le mot populaire qui est resté d'un esprit sans préjugés, qui prend des pratiques religieuses juste ce qu'il en faut à un souverain voulant vivre en paix avec les États de l'Église. Cela répond bien à la majorité des Français. Ce qui répondait davantage et portait coup, c'était la vaillance du fils de Jeanne d'Albret. Le sang humain se

L'ESPAGNOL
Fragment d'une estampe de L. Richer

versait facilement alors sur les champs de bataille, dans les rues et les palais. Après tant de combats sans fin fomentés par l'ambition des Guises et qui renaissaient sans cesse sous le coup de passions religieuses, Henri de Béarn proposa une mesure qui, malheureusement, n'a pas été adoptée encore par les chefs de nations rivales.

En 1585, après la fameuse déclaration de Bergerac, le prince de Béarn écrivit à Henri III cette admirable lettre : « Je demande, sans que tous les ordres et états de ce royaume aient désormais à en souffrir, sans y entremettre armée domestique ou étrangère, que cette querelle soit vidée de la personne de M. de Guise à la mienne, un à un, deux à deux, dix à dix, vingt à vingt, en tel nombre que ledit sieur de Guise voudra avec des armes usitées entre chevaliers d'honneur... Ce sera notre heur, à mon cousin [Henri de Condé] et à moi, de délivrer, au prix de notre sang, le roi notre souverain seigneur des travaux et peines qu'on lui brasse, son État de trouble et confusion, sa noblesse de ruine, tout son peuple de misère et calamité extrême. »

Une telle proposition pourrait être reprise par ces congrès politiques dirigés par un sentiment d'humanité, d'où l'idée se dégage qu'en cas de guerre les habitants d'un pays envahi ne sont que les témoins des combats de deux armées et n'en doivent pas supporter l'issue. A quoi bon les ruades sanglantes de peuple à peuple, les massacres, les incendies ?

Henri de Béarn avait proposé le remède en ami de l'humanité : vider la querelle en champ clos, dix contre dix. Le prince béarnais se fût battu seul contre le Guise. Ce combat était d'un utopiste, mais bien chevaleresque, et comme tel il répondait à la nation.

Les amours de l'adversaire de la Ligue, celles du roi triomphant, n'étaient pas de ces vices en exécration chez le peuple. Les prédicateurs pouvaient reprocher au prince de Béarn l'amour des femmes. Le tiers-parti en souriait, et comme l'a dit un des auteurs de la *Satyre Ménippée*, l'âme ne peut toujours être tendue vers les graves et pressantes affaires d'administration, « sans quelque rafraîchissement et division à autres pensées plus agréables et plus douces ». A propos des galanteries de Henri IV, le même écrivain ajoute : « Ce n'est pas imperfection qui puisse empêcher les actes de vertu ; mais, au contraire, jamais brave guerrier ne fut qui n'aymast les dames, et qui n'aymast acquérir de l'honneur pour se faire aimer d'elles : c'est pourquoy Platon souhaitoit avoir une armée toute composée de gens amoureux, qui seroyent invincibles et feroyent mille beaux exploits d'armes pour plaire à leurs maistresses. »

Je ne détaille pas sans dessein la vaillance d'Henri de Béarn, son indépendance d'esprit, son humanité, les hommages qu'il rendait à la beauté ; ces qualités morales, ces passions agissent vivement sur le physique et il semble qu'un ouvrier intérieur les fasse saillir sur le visage comme les ouvrages obtenus à l'aide du repoussé.

Des recherches consciencieuses ont été faites sur le degré de réalité qu'il fallait accorder au masque de Henri IV, à sa noblesse, à sa gravité ; les graveurs ont reproduit à l'envi les traits du Béarnais et un certain nombre de volumes sont consacrés, à la Bibliothèque nationale, aux estampes de toute nature enfantées par la popularité du roi de Navarre.

J'ai regardé avec attention ces collections et ma pensée ne s'arrêtait pas absolument à la vue des burins pompeux retraçant les traits du prince dont j'ai essayé de montrer le caractère.

Un grand homme finit par avoir la physionomie que son époque lui fait. Le portrait peut être chargé, ne se rattacher à la réalité que par des lignes exagérées ; ce portrait, qu'on peut appeler légendaire, s'adapte si particulièrement à l'humeur du personnage, il en montre si vivement les qualités et les passions, qu'il entre forcément dans une iconographie idéale que les générations rendent réelle : alors ni statues officielles sur les places publiques, ni portraits d'apparat dans les palais, ne peuvent changer la nature de l'interprétation populaire du physique soudé au moral par des attaches mystérieuses.

Le nez d'Henri IV était la partie, la qualité dominante de son visage ; les contemporains ont dit qu'il avait de la cambrure maternelle. « Ce roitelet, qui a plus de nez que de royaume », disaient les courtisans, alors qu'Henri de Béarn semblait pris pour jamais dans le filet des voluptés tendu par Catherine de Médicis et oubliait les instructions de Jeanne d'Albret, qui lui parlait de cette cour corrompue « où les femmes priaient les hommes. » Le nez du prince était donc très développé ; mais sa longueur était de celles qui ne déplaisent point au beau sexe. Ces grands nez nuisent rarement à la fortune d'un homme ; ils appellent l'attention et, comme on dit, ils n'ont jamais gâté beau visage. On voit rarement réussir au théâtre un nez embryonnaire, et chacun peut remarquer combien porte sur le public l'arrivée d'un comédien possesseur d'une prolongation nasale étoffée. De même, dans la vie.

M. Édouard Fournier est d'avis que notre Polichinelle est un débris moqueur de l'influence espagnole. « Regardez-le bien, dit-il, avec son habit qui n'a rien du costume du *Pulcinella* d'Italie ; et dans son haut chapeau à bord retroussé par devant, dans son pourpoint aux proéminences rembourrées, qui lui forment une double bosse, vous reconnaîtrez l'habillement complet de l'Espagnol, du temps de Henri IV. N'a-t-il pas aussi son long nez, à courbure busquée et son menton en avant ! »

Ce qui est dit ici de l'Espagnol pourrait être applicable à Henri IV, sans irrévérence, j'entends l'Henri IV tel que je l'entrevois, sans me préoccuper de l'iconographie officielle.

Certains portraits du roi, gravés à l'étranger, sont conçus d'après cet idéal. Un chapeau formé d'une énorme calotte, avec le bord relevé bizarrement, fait penser que le Polichinelle français est issu d'Henri IV. Quand on a vu ce portrait, il reste vivant et sans conteste.

Dans la gravure de Golztius, je retrouve l'Henri IV des lettres intimes, celui du *Journal d'Héroard*. La coiffure manque peut-être de noblesse : elle met en pleine lumière la loyale et aimable figure d'un homme dont la moustache blanchit à trente et un ans, pleine d'appréhension, disait le chroniqueur Pierre Mathieu, sur les maux qui menaçaient le parti des huguenots.

Je mets ce portrait de Golztius au-dessus de tous les autres, et si dans l'alanguissement des paupières je retrouve le vert-galant, dans les rides produites par les inquiétudes m'apparaît le politique ami de l'humanité.

## CHAPITRE XII

### LA LIGUE

L'Estoile a conservé le souvenir d'une représentation de l'hôtel de Bourgogne à laquelle assistait, le 26 janvier 1607, Henri IV entouré de sa cour. Les comédiens jouaient une farce à propos de l'impôt des tailles. Une femme du peuple allait chercher son mari au cabaret, disant qu'il dépensait dans cet endroit la somme qu'il fallait payer au roi. — « A quoi bon faire des économies qui n'entreraient pas dans ma poche ? répondait le manant. J'aime mieux boire à ma soif : au moins de ce vin-là, le roi ne percevra pas une goutte. » Alors arrivaient trois officiers de justice qui, ne recevant pas d'argent, se mettaient en mesure de saisir le mobilier du pauvre ménage et entre autres un coffre sur lequel était assise la femme du vilain. Elle s'obstinait à ne pas se lever du meuble. Commandement de par le roi de faire l'ouverture de force. Le couvercle était levé pour inventorier les objets contenus dans le coffre ; alors trois diables s'en échappaient qui emportaient les officiers de justice.

Les magistrats, qui n'admettaient pas de comédies

D'après une estampe populaire de 1594.

si subversives, firent arrêter et conduire en prison les acteurs assez hardis pour en donner des représentations à la barbe du roi. Henri IV les fit sortir de la geôle, disant qu'il pardonnait d'autant plus aux comédiens qu'ils l'avaient fait rire « voire jusques aux larmes. »

Le théâtre, depuis longtemps, était une des formes les plus directes de l'esprit satirique et le petit drame de l'hôtel de Bourgogne vaut une caricature. Cependant il ne faut pas négliger certaines images imprimées du temps de la Ligue, feuilles volantes vendues dans les rues, qui sont empreintes d'un caractère très ardent et très passionné, où le symbolisme prend le pas sur la parodie, et qui toutefois sont les réelles assises de la caricature en France.

Un patriotisme véhément enfanta, en 1594, un monstre à trois têtes qui prétendait s'emparer de la couronne et de la fortune de la France. En trois compositions qui ont pour titre : *Naissance de la Ligue*, *Effets de la Ligue*, *Déclin de la Ligue*, le graveur montrait la hideuse bête, couverte du manteau de la religion, entassant cadavres sur cadavres, brûlant des forteresses et des villes, emportant la bourse de la nation et posant ses griffes sur la couronne et le sceptre. Allusion très claire à l'ambition des Guises et de Philippe II. Dans le troisième tableau, un lion vaillant s'élance sur le monstre, lui arrache le manteau d'hypocrisie dont il se couvre ; l'hydre vomit des flammes empoisonnées et tente de s'échapper avec les richesses de la France. Mais le courageux lion, Henri IV, demeurera vainqueur de la hideuse bête.

Ces estampes populaires, empreintes à un certain degré de l'esprit patriotique, furent publiées peu de temps après l'entrée de Henri IV dans Paris. Le graveur de ces planches était réellement indigné. Ce n'est plus là une besogne de commande exécutée par un homme qui tient un burin et travaille à la journée. De telles pièces, quoique populaires, se ratta-

D'après une estampe populaire de 1594.

chent à l'art, comme le pamphlet de *la Ménippée* est entré dans les chefs-d'œuvre de la littérature. La passion, surtout la passion comprimée, enfante de telles œuvres.

Ces trois estampes sont celles qui, rendent le mieux les troubles de ces temps, la coupable association des partis, les ruines qu'ils accumulent

D'après une estampe populaire de 1594.

sur la nation. Et quand le lion se rend maître du hideux monstre, on respire comme au dénoûment de sombres mélodrames où la victime triomphe.

Il est une autre planche, publiée à l'étranger, qui part d'un burin plus exercé et qui représente d'une façon désintéressée la situation du prince de Béarn vis-à-vis de l'Europe armée. Dans cette estampe, dite des *Gourmeurs,* le graveur Villamena a voulu peindre, dit la légende, le fils de Jeanne d'Albret en lutte avec ses principaux adversaires. Menaçant, les poings fermés, le prince de Béarn s'apprête à répondre par des pierres aux coups de pierres que ses ennemis lui envoient. L'issue du combat est douteuse. Quelques agresseurs s'enfuient; un autre est renversé; des enfants regardent le combat avec curiosité. Un personnage sceptique sourit, les bras croisés, attendant le résultat de cette gourmade. Au milieu, ferme et inébranlable, le regard assuré, se tient le Béarnais, serré de près, mais non accablé. On sent qu'il triomphera dans cette lutte.

On dit que les personnages représentés sont Philippe II et le sinistre duc d'Albe, Sixte-Quint, les deux frères Charles I$^{er}$ et Jacques I$^{er}$, ainsi que Mayenne. Le plus ressemblant dans cette composition, celui qui attire tout l'intérêt, est le pauvre Béarnais dans son attitude fière et résolue.

Ses vêtements en loques font penser à la lettre que, du siège de La Fère, Henri IV écrivait à Sully : « Je n'ai pas quasi un cheval sur lequel je puisse combattre, ni un harnois complet que je puisse endosser. Mes chemises sont toutes déchirées, mes pourpoints troués aux coudes; ma marmite est souvent renversée, et depuis deux jours je dîne et soupe chez les uns et les autres. »

Le peuple aime les personnages de cette trempe : la majorité des gens vivant péniblement se retrouve dans l'être éprouvé, pauvre, qui conquiert, à force d'efforts, la direction de la nation. Le peuple se dit qu'alors sur le trône s'assied un homme de son essence, qui devra mieux comprendre qu'un autre ses besoins.

Le graveur Villamena, dans cette planche, est un des rares artistes qui aient pénétré nettement dans la situation d'Henri de Béarn. Son burin habile appartient plutôt à la parodie qu'à la caricature. Les combats héroïques où étaient mêlés les plus grands noms de France, il les a transformés en une lutte de gens à coups de pierres. L'idée est plus satirique que l'exécution. En quelques touches discrètes et d'un véritable artiste, Villamena a montré le pape contemplant la lutte et le coup de Jarnac qu'un traître espagnol se prépare à donner au vaillant combattant. Est-ce Mayenne qui est renversé? Cela est à supposer. Il fut l'ennemi le plus dangereux, le représentant le plus direct de la Ligue : Henri IV le vainquit par sa magnanimité.

En étudiant les publications et les œuvres des marchands graveurs du commencement du XVIIe siècle, on trouve encore une estampe relative à Henri IV, datée de 1613, le *Mariage d'argent*, indiquant qu'à la cour et dans les hautes classes le

LES GOURMEURS
D'après une estampe de 1601, de Villamena.

ÉLECTRICITÉ, MAGNÉTISME, AÉROSTATION.
d'après une vignette de l'époque.

hommes déjà étaient préoccupés de se marier richement :

> Povr se marier on balance
> A qvi avra plvs d'opvlence.

Sous le vestibule d'un palais un groupe d'hommes et de femmes se presse autour d'une balance dans les plateaux de laquelle se font face un seigneur et une femme élégamment vêtue. Pour bagage le fiancé apporte une mandoline, un casque, une raquette de jeu de paume, des livres, une palette, une sphère, un caducée, des compas ; c'est-à-dire que l'homme est jeune et alerte, se plaisant aux exercices du corps et aimant les lettres, les sciences et les arts. Ces connaissances n'ont pas le poids des coffrets remplis de ducats, de bijoux, de vases d'or et d'argent qui chargent l'autre plateau de la balance dans lequel attend la riche héritière ; aussi l'amour s'enfuit-il à tire-d'aile d'un lieu où la richesse est tout, l'affection rien.

Entre la femme et l'amour qui s'envole un personnage assiste gravement à ce marché : le personnage a les traits de Henri IV. Il était mort en 1610, trois ans avant la publication de l'estampe de Matonnière ; mais son souvenir était encore vivant. Le vert-galant avait beaucoup aimé et sa main tournée vers l'amour fuyant indiquait assez que son cœur était d'accord, non avec ce mariage d'argent, mais avec de véritables amoureux qui, aux derniers plans de l'estampe, étaient représentés s'égarant dans la direction des bosquets du jardin.

Au-dessous de l'estampe sont seize stances de quatre vers qui toutes se terminent par l'idée de pistoles ingénieusement amenée.

> Qui veut ores se marier
> Et de grands parents s'allier,
> Verra ses poursuittes frivoles
> S'il n'est bien garni de pistoles.

Le poète, voyant un galant de bonne tournure, savant et aimant l'étude, s'écrie : « Cela n'est rien sans les pistoles. » A quoi bon les arts? « On estime plus les pistoles. » Chacun, ajoute le poète, cherche « un mariage d'or pesant » et il conclut :

> O toy qui te veux marier,
> Regarde à bien t'apparier.
> Recherche où est l'amour; n'extolles
> Plus que luy le prix des pistoles.

Ces estampes satiriques avaient un but moral d'autant plus affirmé qu'un écrivain, aux gages des marchands imagiers, commentait la gravure par des poésies et des exemples tirés des œuvres de l'antiquité.

Sous l'estampe de la balance matrimoniale sont imprimées : *Les opinions de qvelqves philosophes touchant le mariage*, et on conviendra que le passage cité est bien choisi : « Vn certain Lacédémonien interrogeoit vn jour Licurgus, grand législateur, pour quel sujet il avoit fait vne loy qui défendoit de donner aucune chose en mariage aux filles; il respondit : J'ay fait vne telle loy, afin que celles auxquelles les pères et mères ne peuvent rien donner ne demeurassent à marier pour leur pauureté, et que celles qui sont riches et opulentes ne fussent recherchées à cause de leurs grands biens seulement; et afin aussi que les ieunes hommes qui voudroient prendre party regardassent plustost aux bonnes mœurs d'icelles qu'aux biens, et qu'ils fissent choix des plus vertueuses. »

Telles étaient les opinions courantes des sages de la cour de Henri IV : une bonhomie bourgeoise, les enseignements de Montaigne et de Charron, une philosophie puisée au contact des anciens, la sérénité que donne aux natures droites une vie difficile, faisaient taire bien des faiblesses. L'amour comptait en mariage, et c'est sans doute pourquoi le graveur a fait intervenir la personnalité du roi dans cette balance de l'or et de la science.

## CHAPITRE XIII

### LES GRAS ET LES MAIGRES.
### LE DUEL DE CARESME-PRENANT ET DES ANDOUILLES.

Jusqu'au commencement du xvi⁰ siècle une certaine raillerie inconsciente et confuse avait enveloppé de telle sorte les manifestations satiriques populaires qu'elles laissent encore des doutes sur les mobiles qui faisaient agir les artistes : un vague symbolisme, dans lequel il entre le plus souvent presque autant de croyance que de scepticisme, se mêle aux représentations sur pierre, sur verre, sur bois, des démons grimaçants appelés à châtier les vices.

L'invention de Guttenberg changea cet état de choses. L'imprimerie ne laissa plus de place à l'indéterminé ; toutes sortes d'aspirations, de rancunes, qui étaient dans les langes, rompirent leurs lisières. L'imprimerie, une lumière, parfois devint torche. Qui sait si la Réforme eût pu se manifester, réussir dans sa propagande, sans les caractères en relief qui changèrent la face du monde ?

Cette écriture gravée répandit la science ; elle détruisit également plus d'une croyance. De nouvelles couches bénéficièrent de l'instruction, et pourtant ce qui avait été jusqu'alors respecté des érudits, l'antiquité, ne put échapper au courant nouveau et par là perdit de sa grandeur.

Religieux et laïques formaient alors une phalange respectable de redresseurs de textes et de commentateurs des œuvres grecques et latines ; mais, ainsi qu'il arrive fréquemment parmi les corps savants, certains membres se laissaient entraîner à d'aigres discussions et à de vives polémiques. L'imprimerie introduisit le public dans les coulisses de l'érudition, et à la place du respect, qui était jusque-là le lot des hommes de science, s'infiltra un commencement de scepticisme pour l'objet de leurs études.

Je crois pouvoir lire ceci à regarder des images que l'Italie envoya en France et qui représentaient les premières « charges » sur les principaux personnages d'Homère, le *Bel Adonis,* la *Puissante Junon*, etc.

Nous avons été inondés sous le dernier Empire de *Belle Hélène* et autres cabotinages du même ordre. Qui verra la *Bella Helena* du graveur Jaspar Isaac, s'inspirant des motifs italiens antérieurs, conviendra que les moyens actuels de burlesque sont pour le moins aussi enfantins que ceux du XVIe siècle. Un pitre des Bouffes, représentant Jupiter avec un parapluie sous le bras, une drôlesse du théâtre des Variétés levant la jambe à la hauteur du nez de Calchas, ne sont guère plus comiques que la *Bella Helena* du graveur hollandais, avec une roupie de tabac s'échappant de son nez. Heureusement l'outrage au Beau a pour privilège d'ancrer plus profondément les bons esprits dans la recherche de l'antiquité, non pas académique ni pédagogique, mais vivante et humaine ; et s'il est fâcheux que le gros de la nation soit élevé avec de pareilles insanités, la balance du temps n'en équilibre pas moins le Beau et le Laid, rejetant celui-ci au profit de celui-là.

A cette même époque, c'est-à-dire vers la fin du xvi<sup>e</sup> siècle, parurent de grandes planches en bois, plus remarquables par l'ampleur des tailles des graveurs que par la conception ; elles sont d'habitude joyeuses. Des gens assemblés boivent et chantent à plein gosier ; certaines de ces images seraient incompréhensibles s'il n'était possible de trouver dans les auteurs de facéties, dans les chroniqueurs de l'époque, trace des faits qui leur ont donné naissance ; ainsi la planche où *Catin nourrice et Goguelu fripon* s'entretiennent en vers des halles[1].

On trouve également dans l'imagerie du même temps des allégories telles que le *Triomphe de Bacchus*. Le dieu est représenté sur son tonneau, traîné par

1. Il est aujourd'hui une petite école de fureteurs très experts dans ces menus détails de l'érudition enjouée ; à eux de découvrir d'où partent ces personnages de *Catin et Goguelu*.

un pourceau, lequel est enchevauché par une femme. Ces personnages, à bizarre costume, dialoguent en vers sous la rubrique de *Gourmandise, Bacchus* et le *Plaisant chasseur*. C'est l'introduction d'acteurs semblables au *Plaisant chasseur* qui rendrait pénible l'explication de ces allégories, s'il fallait en donner le pourquoi et le comment. La cervelle d'un certain nombre de peintres, qui ne tient guère plus de place que celle des moineaux, diminue encore de poids chez les imagiers ; ils se préoccupent peu de logique, et qui veut les suivre dans leurs sentiers de linotte s'y égare facilement.

Ce fut à la même époque qu'apparut la parodie des motifs symboliques les plus habituels aux décorateurs : les quatre éléments, les quatre saisons, etc. Pour personnifier l'hiver, par exemple, on figurait une tête humaine par les rigueurs de la saison (voir page 162): de même des fruits et des fleurs, se ployant tant bien que mal aux sinuosités du masque de l'homme, étaient censés représenter l'automne. Le graveur italien qui, le premier, trouva ces agencements ne se doutait pas de la riche succession qu'il laissait aux dessinateurs sans imagination, car, depuis, ont-ils assez repris dans le magasin aux accessoires de la caricature ces motifs plus baroques que comiques, ces pièces d'un jeu de patience particulier où des boudins forment le nez d'un charcutier, une poêle à frire le menton d'un cuisinier !

De si innocentes imaginations ont pour résultat

de faire paraître plus profondes, plus vives et plus parlantes, certaines planches que les iconographes ont tort de ne pas classer au rang des chefs-d'œuvre ;

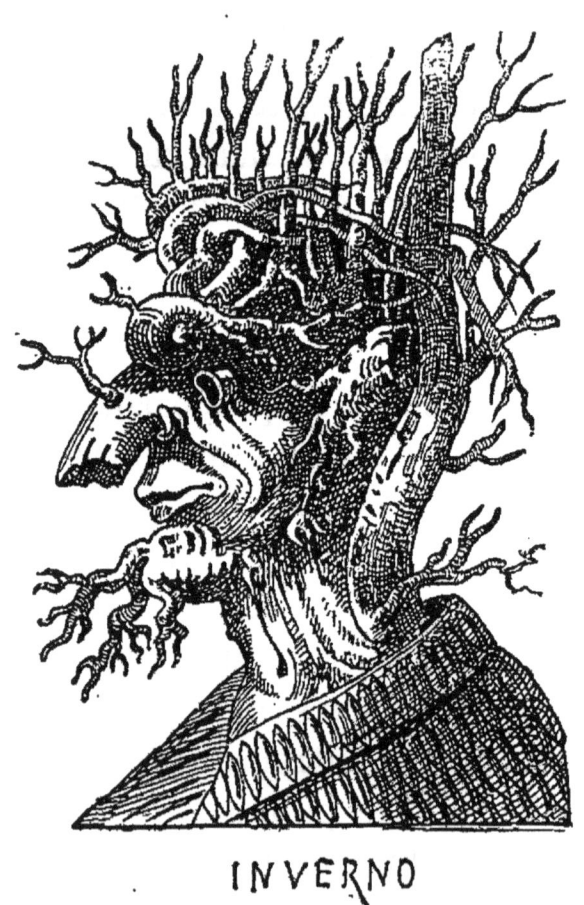

INVERNO

D'après une ancienne gravure italienne.

ainsi les *Gras* et les *Maigres* de Breughel. Au fond de ces planches éclate le génie comique néerlandais dans toute sa puissance ; là est accusée cette antithèse du tempérament humain plus significative que le *sec* et l'*humide* de l'ancienne médecine. En face de cette excessive bonne humeur, qui n'a souri, qui n'a pensé? Car il n'est rien de plus fécondant pour la réflexion que le véritable comique.

J'ai souvent cité Breughel le Drôle comme type du comique dans l'art. Breughel possède la qualité de comique la plus enviable et la plus réconfortante; son esprit sain et de bonne humeur laisse une impression vivace et gaie.

Un érudit, préoccupé de symbolisme, verrait volontiers une pensée de révolte derrière les tailles de la gravure des *Gras* et des *Maigres*, car c'est une des manies particulières à notre temps que de mettre au compte de braves artistes, qui n'y songeaient guère, de banales oppositions entre le peuple et les grands, entre la misère et la richesse. Je ne vois rien de semblable dans les images de Breughel. Les *Gras* et les *Maigres* offrent la simplicité de conception qui est la trame des chefs-d'œuvre. La maigreur est opposée à l'embonpoint par le maître hollandais, de même qu'en Chine et au Japon, comme contraste comique.

La France, qui avait dans Rabelais un Breughel d'une portée plus intellectuelle, fut sans doute jalouse de ces Gras et de ces Maigres ; aussi des imagiers entreprirent-ils de reproduire par la gravure le *Duel de Caresme-prenant et des Andouilles*.

Plus d'une fois également l'antithèse des Gras et des Maigres se fait jour dans l'œuvre de Rabelais.

Comme tous les grands comiques, sa prédilection se manifeste pour les gras. Peut-être la science et les veilles l'avaient-elles rendu maigre. Nous n'avons aucune idée de ses traits ; nul portrait n'est parvenu jusqu'à nous et il est permis d'avancer que le « joyeux curé de Meudon » pourrait figurer dans le groupe où ces anatomies d'Érasme et de Voltaire, qui n'ont qu'une santé fort débile, cherchent à distraire leurs contemporains par le rire.

Il est si nécessaire à l'homme le rire à ventre déboutonné, n'eût-on qu'un soupçon de ventre! Or l'homme gras est une veine de gaieté inépuisable; on coupe dans le gras des provisions de bonne humeur, comme une ménagère dans une tranche de lard. Un homme gras en vaut deux, non pas seulement au physique. Toutes sortes d'appétits, logés dans les sillons de la peau, apparaissent aussi nettement que des poissons dans un bocal. Si le maigre semble une énigme, le gras est une confession. L'énigme est pénible, la confession joyeuse. Sur la figure épanouie d'un gras vous verrez pointer les traces du vin, des femmes, des plaisirs de la table. Un gras étale aussi complaisamment ses instincts, sa suffisance, sa sottise, qu'il met en évidence de grosses breloques sur son gros ventre. L'homme maigre est inquiet, soupçonneux, renfermé ; chacun de ses sentiments a sa serrure particulière. Réservé, froid, flegmatique, il semble toujours préoccupé de fermer les volets de la fenêtre qui conduit à l'âme. Le maigre, qui étudie les autres

LES GRAS, d'après Pierre Breughel

plus qu'il ne se laisse pénétrer, semble un méchant tison éteint quand le gras réchauffe les yeux par la flambade de sa gaieté.

Dans un gras on trouve l'étoffe de deux figures, la primitive, plus celle qui lui sert d'encadrement, c'est-à-dire les épaisses couches de graisse produites par la civilisation. Il y a là des études à faire qui ne sont pas sans rapports avec les couches primaires et secondaires sondées par les géologues [1]. Avec les maigres, pas de ces découvertes. Ce n'est pas qu'ils manquent de passions ; mais elles sont sèches et désagréables comme des arêtes de poisson qu'on servirait à un gourmand pour son repas. Vous recueillez chez le maigre des sentiments bilieux, des pensées jaunes, des agissements ternes quand le gras offre l'apparence d'un tonneau de vieux bourgogne.

Aussi s'explique-t-on le culte rendu aux gras en Orient et en Occident, les honneurs plaisants que leur décernaient les poètes et les peintres, et les statues qu'en tous lieux on leur élevait avec des amas de victuailles pour piédestal. Rabelais partagea d'autant plus cette sympathie universelle pour les gras, qu'il y était amené par l'étude des fabliaux.

C'est pourquoi je donnerai ici un résumé du fabliau intitulé *Bataille de Carême et de Chairnage ;* il est la note exacte des facéties un peu compliquées que les graveurs du XVIe siècle se plurent à traduire.

---

1. Voir la gravure de la page 127.

Le roi Louis a annoncé une cour plénière à Paris pour les fêtes de la Pentecôte; grand nombre de gens s'y rendent, entre autres deux princes puissants qui arrivent chacun avec un cortège nombreux. L'un de ces princes est *Chairnage*, riche en amis, honoré des rois, des ducs et des belles dames; l'autre s'appelle *Carême*, le félon, l'ennemi des pauvres, le roi des grasses abbayes, le suzerain des étangs, des fleuves et des mers.

Quoique ce dernier soit généralement peu aimé, comme il apparaît escorté d'une longue suite de saumons et de raies, il est bien reçu et chacun lui fait bon visage. De là, jalousie de son rival, provocation et déclaration de guerre.

Les deux rois se rendent aussitôt dans leurs États pour convoquer leurs vassaux et se préparer à la lutte. Carême dépêche aux siens un hareng qui parcourt les mers avec la rapidité d'une flèche et va conter à tous les poissons l'insulte faite à leur souverain. La marée promet d'accourir.

D'autre part, un émerillon est chargé d'aller notifier la déclaration aux feudataires de Chairnage. Les grues, les hérons viennent aussitôt présenter leurs services; les cygnes, les canards, offrent de veiller à l'embouchure des rivières et promettent de les garder de manière à intercepter le passage à tous les ennemis. Agneaux, porcs, lièvres, lapins, pluviers, outardes et chapons, poules, oies grasses et paons, tous, jusqu'à la douce colombe, répondent à l'appel de Chairnage.

MARDI GRAS ET CARÊME
D'après une estampe hollandaise du xviie siècle.

Carême, armé de pied en cap, s'avance alors monté sur un mulet. Il porte un fromage en guise d'écu; sa cuirasse est une raie, ses éperons sont formés d'une arête, son épée d'une sole tranchante. Chairnage a pour heaume un pâté de sanglier surmonté d'un paon; un bec d'oiseau lui sert d'éperon, et le souverain monte un cerf dont le bois rameux est chargé de mauviettes.

Aussitôt que les deux généraux s'aperçoivent, ils fondent l'un sur l'autre avec fureur, puis les troupes de chaque parti s'avancent à leur tour et l'affaire devient générale.

Le premier succès est pour les chapons; se précipitant avec impétuosité sur les merlans qui leur sont opposés, ils les culbutent vivement. Les raies et les maquereaux accourent en hâte à leur secours. Alors les archers de Carême commencent à faire pleuvoir sur leurs ennemis une grêle de figues sèches, de pommes et de noix. En même temps, les barbues, les brêmes dorées, les congres aux dents aiguës s'élancent en avant, tandis que les anguilles frétillantes, s'entortillant dans les jambes des ennemis, les renversent sans peine.

La victoire va se décider pour Carême quand deux hérons et deux émerillons, appelés par les cris répétés des canards, viennent du haut des airs fondre comme la foudre sur les vainqueurs. Secondés par le butor et la grue, ils dévorent tout ce qu'ils rencontrent et le massacre devient sanglant.

Vainement Carême essaie de rendre le courage à ses troupes; on lui répond de toutes parts par les cris de : *la paix! la paix!* Carême est obligé de traiter. Chairnage, enorgueilli par sa victoire, exige d'abord que Carême signe une abdication complète et sorte des États de la chrétienté. Pourtant, sur les observations de ses barons, il entre en accommodement avec son adversaire et consent, par un traité solennel, à ce que Carême règne pendant quarante jours de l'année, et à ce qu'il reprenne les rênes du gouvernement pendant deux fois vingt-quatre heures par semaine.

C'est ainsi, dit le fabliau, que Carême devint le vassal de Chairnage, et c'est en se servant des principaux motifs de ce thème que les anciens graveurs hollandais (voir page 167) ont opposé le mardi gras au carême, le maigre de la marée aux victuailles savoureuses.

## CHAPITRE XIV

### LES GRAVEURS ET MARCHANDS D'IMAGERIES POPULAIRES AUX XVe ET XVIe SIÈCLES

Il est regrettable qu'aujourd'hui où abondent tant de monographies relatives à des personnages de troisième ordre, un curieux ne se soit pas donné pour mission d'étudier les imagiers dont quelques-uns, tels que Léonard Odet de Lyon, Anthoine du Breuil, Jean Le Clerc, Isaac Lagniet, François Jollain, Jacques Grenthome, à la fois graveurs et marchands, méritent une certaine place dans l'histoire de la gravure.

Je choisirai quelques-uns d'entre eux et traiterai de leurs produits, effleurant le sujet et posant seulement des jalons pour rendre le chemin plus facile à ceux qui seraient tentés de suivre la même voie.

Jean Le Clerc, dont la boutique était située rue Saint-Jean-de-Latran, à l'enseigne de « la Salamandre royale, » employait divers graveurs en bois, qui, sans avoir attaché leur signature aux estampes des mœurs et coutumes de leur temps, ne doivent pas moins occuper un certain rang dans l'histoire de l'imagerie populaire. Les curieuses estampes pour et contre la Ligue sortaient de l'échoppe de Jean Le Clerc, parfois « avec permission et approbation des docteurs de la Faculté de Théologie », le plus souvent sans autorisation. Une histoire des troubles de la Ligue, qui reste à faire d'après les monuments xylographiques, mettrait sur le même rang Anthoine du Breuil, à Paris, et le lyonnais Léonard Odet, éditeur du *Pourtraict de la Ligue infernale*.

Il y a là un double courant d'estampes politiques et de scènes de mœurs que les historiens de la gravure ont eu le tort de rejeter avec dédain, à cause de leur basse origine. Qu'importe que ces feuilles volantes fussent criées dans la rue ou colportées sous le manteau, du temps de Henri III, de Henri IV ou de Louis XIII? Certains événements du jour, l'état des esprits, sont burinés par ces imagiers en traits plus voyants que par les chroniqueurs de l'époque. Le temps, qui détruit tant d'œuvres de plus haute portée en apparence, a donné son glacis et son accent à des tailles de bois médiocres, mais utiles à l'historien.

Comment se rendre compte du sentiment parisien si antipathique aux Espagnols, si on ne consulte les *Proverbes* de Lagniet? De la boutique du marchand-graveur du quai de la Mégisserie s'échappe une trombe d'images burlesques, accablantes pour l'envahisseur étranger ; mais l'Espagnol occupe une telle place dans l'iconographie populaire qu'il faut y revenir avec plus de détails.

Je ne m'appesantirai pas sur François Jollain, qui demeurait au Pont-au-Chaudron et dont l'enseigne était « A la ville de Cologne ». A s'en rapporter à une note manuscrite ancienne au bas de l'estampe de l'*Homme de ménage,* Guelard grava pour le marchand Jollain une de ces imitations italiennes dont je parlais plus haut, c'est-à-dire la représentation d'un homme qui, s'occupant uniquement de la propreté de son intérieur, a la physionomie symbolisée par des seaux, des balais, des arrosoirs.

Ces imagiers, dont le commerce continua quelques années après la fin du règne de Louis XIII, faisaient figure à ce point d'être mentionnés par l'abbé de Marolles, dans son *Livre des peintres.* Au chapitre « Les peintres et les graveurs de figures en taille-douce, au burin, à l'eau-forte et en taille de bois, lesquels ont fleuri en France depuis 1600 », il est question de Nicolas Matonnière que le rimeur-nomenclateur place bien au-dessus de ses confrères.

Nicolas Matonnière, qui demeurait à Paris, rue « Mont-Orgueil, à la Corne de Dain », publiait habituellement des estampes gravées sur bois.

« Pour le gros bois taillé, Matonnière,
Et Denis et Michel, qui portent mesme nom,
Et Cristofle Suisse, et Savigni moins bon, etc.

1. *Livre des peintres et graveurs,* 1672.

Parmi les meilleures estampes du marchand-graveur Matonnière, je citerai le *Mariage d'argent*, le *Pourtraict de la Comète*, feuille volante de l'année 1618, et surtout, en 1614, les *Aages de l'homme et à quels animaux il ressemble* [1].

Quelques-uns de ces imagiers, qui avaient vécu sous Henri IV, conservaient une franchise de ton, une gaîté que les deux images suivantes me semblent caractériser.

Les marchands d'estampes avaient abusé de la représentation des troubles civils, le public s'en fatigua. Les classes moyennes préféraient qu'on s'occupât d'elles, fût-ce même pour en rire; d'où les scènes de mœurs plaisantes, les malices contre les modes et les inventions du jour. Alors la caricature trouve une veine inépuisable dans les travers bourgeois, celle qui permet de dessiner avant Boileau les *Embarras de Paris*, celle qui s'attaque à un type renouvelé de l'antiquité et toujours plaisant, le *Parasite*.

Un de ces types de pique-assiette sous Louis XIII fut Montmaur; il semble un personnage de l'ancienne Comédie latine transporté au xviie siècle, et pour augmenter l'analogie ses hauts faits de table, ses titres de mangeur en ville, sa qualité de savant furent célébrés en latin : *parasitopædagogus* ou *parasitogrammaticus*.

C'était un grammairien, un pédagogue, un pro-

---

[1]. Voir collection Hennin, années 1613, 1614.

fesseur royal de langue grecque que Montmaur; malheureusement il passait pour avare, parasite et médisant. Comme la plupart des gens de lettres de son époque, il dînait souvent en ville et amusait les convives aux dépens de ses confrères. A table, il tenait le haut bout, s'emparait de la conversation, se donnait des airs de maître, ainsi que le dit Bayle, « en faisant sortir de sa bouche, avec la dernière facilité, un torrent de science, » rabaissait les érudits de son temps et les dénigrait à bouche que veux-tu. Ce fut ainsi que Montmaur s'attira les rancunes de Balzac, de Ménage, de Furetière, de Scarron, pour ne parler que des plus célèbres parmi ses contemporains. Sur la tête du professeur royal tomba une grêle de latin et d'épigrammes ; toute la gent littéraire s'en donna à cœur joie, un peu lourdement et pédantesquement il est vrai. Les lettrés d'alors, taillés sur le patron du grand Balzac, ne connaissaient ni le rire, ni la satire légère. L'amas de ces rancunes forma à tel point légende que Boileau lui-même enveloppa Montmaur dans cette solennelle pitié que chacun connaît :

> Tandis que Colletet, crotté jusqu'à l'échine,
> S'en va chercher son pain de cuisine en cuisine,
> Savant en ce métier, si cher aux beaux esprits,
> Dont Montmaur autrefois, fit leçon dans Paris.

A étudier toutes ces pesantes facéties en *us*, qui se débitaient dans les ruelles des dames de la cour, on trouverait bien quelques détails piquants à glaner ; mais les querelles d'érudits du xviie siècle ne supportent aujourd'hui guère la lecture et de la collection qui en a été recueillie [1], les traits les plus amusants viennent encore des graveurs qui ont orné le livre de leurs dessins. Quelques coups de burin et Montmaur le parasite reste vivant. C'est là que se montre la force de la caricature. Les gens de lettres ont beau forger des mots burlesques pour terrasser Montmaur, arrive un dessinateur qui dessine Montmaur en marmite,

>..... Raccourcit ses deux pieds ; de ce bâton aussi
> Qu'il tenait en sa main, fait un pied raccourci.
> Après sur ces trois pieds il rendurcit son ventre,
> Fait qu'avec l'estomac toute la tête y rentre ;
> Ses deux bras attachés au cou comme jadis,
> Sur le ventre tombant sont en anse arrondis ;
> Le collet du pourpoint s'élargit en grand cercle,
> Son chapeau de docteur s'aplatit en couvercle ;
> Son chapeau, qui lui sert ainsi qu'auparavant,
> Et qui, comme il couvrait une tête à l'évent,
> Désormais sert encore à couvrir la fumée
> Qui s'exhale de l'eau, qu'il n'a jamais aimée.

Et voilà que la caricature enregistre dans son magasin un grotesque de plus. Une autre estampe antérieure (elle est de 1663), se rattache à la précédente par la nature de son sujet.

Un dîneur parasite, M. Le Goguelu, se rend lui, sa femme et ses enfants, à un de ces repas en

---

1. Sallengre. *Histoire de Pierre Montmaur, professeur royal en Langue grecque dans l'Université de Paris.* La Haye. 1715.

CARICATURE DE MONTMAUR
D'après une vignette de 17:5.

commun, dits *salmigondis*, qui furent en grande vogue pendant la seconde moitié du xvııe siècle. Chaque convive y portait son plat ou son *salmigondis*, suivant le mot du temps. L'entassement de différents mets, apportés sans entente préalable, offrait toujours un ensemble bizarre et fournissait ample matière aux plaisanteries. Certains plats s'y trouvaient à foison, tandis que d'autres manquaient absolument. D'où l'imprévu de ces festins, qui en fit prendre la vogue.

Les familles les plus considérables, les femmes les plus à la mode ne dédaignaient pas d'organiser de semblables pique-nique. Voltaire, dans une de ses lettres, dit en parlant de Ninon de Lenclos : « On y soupait souvent, et comme elle n'était pas riche, elle permettait que chacun y portât son plat. »

Des gens peu délicats, il est vrai, spéculaient sur cette mode en envoyant un méchant ragoût quelconque, et soupaient copieusement chez le voisin, avec toute leur famille.

Monsieur Le Goguelu, un de ces coureurs de salmigondis, fut représenté marchant d'un pas rapide en quête d'un bon morceau. D'une main il tient son *fanal* pour se guider dans les rues de la ville non encore éclairées ; dans l'autre il porte, caché sous un énorme chapeau, un maigre gigot, qui doit lui ouvrir la porte d'une maison hospitalière. Sa femme, tenant un gros chat dans ses bras, se règle sur sa marche. Les enfants et un petit chien suivent en trottinant.

Au bas de l'estampe on lit :

> Est-il rien de plus résolu
> Et d'une humeur plus incivile
> Que ce monsieur Le Goguelu,
> Alors qu'il va dîner en ville ?
> A moins que d'être téméraire,
> Ou goinfre de même que lui,
> Il est impossible de faire
> Ce qu'il fait au logis d'autrui ;
> Car cet *escornifleur* infâme,
> Prétextant d'y porter son plat,
> Y porte jusques à sa femme,
> Ses enfants, son chien et son chat !

La caricature de mœurs est trouvée. Elle devient individuelle, libre et ne dépendant que de la fantaisie d'un esprit comique. Avec elle finit le rôle de ces anciens marchands-imagiers politiques sur lesquels on pourrait s'appesantir, mais les quelques notes actuelles ne suffiront-elles pas pour combler un vide de l'Iconographie de la gaîté ?

MONSIEUR LE GOGUELU

D'après une estampe de 1663.

## CHAPITRE XV

### CARICATURES CONTRE LES ESPAGNOLS

Qui n'a remarqué à la montre des marchands d'estampes anciennes des planches d'un caractère à la fois archaïque, bourgeois et lourdement burlesque. Au bas des planches la légende rimée tient habituellement un long espace ; des paroles sortent parfois de la bouche des personnages, et pourtant ces explications n'illuminent que d'une faible clarté les intentions de l'imagier.

Ces estampes, qui prennent possession du terrain de la satire politique, s'affirment à partir du règne de Henri IV, et derrière les tailles gît un caractère patriotique qui sans doute n'a pas la portée de la *Ménippée*, mais qui pourrait servir à illustrer cet éloquent pamphlet dans ses récriminations contre le rôle des Espagnols sous la Ligue.

La querelle entre la France et l'Espagne datait déjà de loin. Lors de la rivalité de Charles-Quint et de

François Ier, les deux souverains s'étaient accusés, à la face de l'Europe, de parjure, de mensonges, d'assassinat, d'où une pluie de chansons, de médailles, de symboles qui préparaient l'avènement de la caricature. Elle se prononça plus nettement et sa pointe prit un caractère plus aigu lorsque les dissensions, fomentées en France par Philippe II, revêtirent un caractère religieux.

Le seul souverain en Europe qui eût applaudi au massacre de la Saint-Barthélemy, c'était ce despote fanatique, ce persécuteur sans pitié qui avait offert à Charles IX le secours de ses soldats contre ce qui restait d'hérétiques en France. Se regardant comme le champion du pouvoir dans l'ordre religieux autant que dans l'ordre politique, cet homme pâle se posait en catholique inexorable, dominateur de l'Europe au nom de l'Espagne.

« Sans scrupule et sans pitié dans le service de la cause religieuse et politique, il était capable de tous les mensonges, je dirai presque de tous les crimes, sans que sa conscience en fût troublée. Méchant homme et exemple effrayant de ce que peut devenir une âme naturellement froide et dure, en proie à toutes les tentations du despotisme et à deux seules passions, l'égoïsme et le fanatisme. » C'est un historien qu'on n'accusera pas de manquer de mesure, M. Guizot, qui a porté ce jugement.

La France n'a jamais supporté de tels despotes dont le trône est illuminé par les flammes des bûchers. Qui

D'après une estampe du recueil de Lagniet.

veut, au nom de la foi, fanatiser la nation, la pousse au scepticisme.

Ce fut à l'époque la plus tourmentée de nos guerres civiles, alors que les partis ne reculaient pas devant une perfide complicité avec l'étranger, que la classe moyenne, soucieuse de l'avenir de la France, combattit à la fois les classes élevées et les basses classes offrant leur concours à l'étranger.

Le 2 septembre 1591, les principaux meneurs de la Ligue espagnole envoyaient à Philippe II une lettre pour lui déférer la couronne de France : « Nous pouvons certainement assurer Votre Majesté Catholique que les souhaits de tous les catholiques sont de voir Votre Majesté Catholique tenir le sceptre de cette couronne et régner sur nous, comme nous nous jetons très-volontiers entre ses bras comme notre père, ou bien qu'elle y établisse quelqu'un de sa postérité. »

La France, par sa situation entre l'Espagne et les Pays-Bas, rendait l'annexion de ce dernier pays coûteuse aux Espagnols ; aussi leur politique consistait-elle à prendre pied en France à la faveur des divisions des partis, ce qu'a constaté nettement un écrivain de l'époque :

Si tost qu'il [l'Espagnol] a veu nos princes se mescontenter ou se bigearrer, il s'est jetté à la traverse pour encourager l'un des partis, nourrir et fomenter nos divisions et les rendre immortelles, pour nous amuser à nous quereller, entrebattre et entretuer l'un l'autre, afin d'estre cependant laissé en paix, et tandis que nous

nous affoiblirons, croistre et s'augmenter de nostre perte et diminution.

Ne voyions-nous pas hier encore les mêmes faits se renouveler à la suite de nos terribles défaites! Le peuple parisien croit revendiquer sous le nom de Commune ses droits d'indépendance quand, excité par des agents de désordre de toutes les nations, il se frappe lui-même dans sa famille, dans ses enfants, dans sa liberté, dans la prospérité de son pays, et en retarde d'autant l'essor en face de l'ennemi applaudissant à ses dissensions. Aussi faut-il noter le cri patriotique des auteurs de la *Ménippée*, ce cri des bourgeois dont le cœur saignait en constatant les malheurs de la patrie, les souffrances de la capitale.

O Paris qui n'es plus Paris, mais une spelunque de bestes farouches, une citadelle d'Espagnols, Wallons et Neapolitains[1], un asyle et seure retraicte de voleurs meurtriers et assassinateurs, ne veux-tu jamais te ressentir de ta dignité et te souvenir qui tu as esté, au prix de ce que tu es, ne veux-tu jamais te guarir de ceste frenésie qui, pour un légitime et gratieux roy, t'a engendré cinquante roytelets et cinquante tyrans? Te voilà au fer, te voilà en l'Inquisition d'Espagne, plus intolérable mille fois et plus dure à supporter aux esprits nez libres et francs, comme sont les François, que les plus cruelles morts, dont les Espagnols se sauroyent adviser.

Tu n'as peu supporter une légère augmentation de tailles et d'offices, et quelques nouveaux édicts qui ne t'importoient nullement : et tu endures qu'on pille tes maisons, qu'on te rançonne jusqu'au sang, qu'on emprisonne tes sénateurs, qu'on chasse tes bons citoyens et conseillers, qu'on pende, qu'on massacre tes

---

1. La garnison de Philippe II, à Paris, était composée d'Espagnols, de Wallons et d'Italiens.

principaux magistrats : tu le vois et tu l'endures, et tu ne l'endures pas seulement, mais tu l'approuves et le loues, et n'oserois et ne sçaurois faire autrement.

Je ne veux pas entrer plus à fond dans ces luttes de partis qui émurent si longtemps Paris et les provinces. Mon but est de montrer combien l'esprit des graveurs fut d'accord avec la bourgeoisie. Sans doute quelque grossièreté s'y mêla; mais on ne saurait demander aux caricaturistes une sympathie délicate pour les Espagnols attisant le feu de la guerre civile en France. Aussi bien la caricature eut ses licences en tout temps; n'abusa-t-elle pas des moyens scatalogiques sous la Restauration? Il serait injuste de reprocher à l'imagier Lagniet des détails semblables à ceux que Martinet étalait en 1828 avec complaisance à sa devanture. Les graveurs du commencement du xviie siècle voulaient rabaisser les capitans espagnols et les confondre avec les masques de la Comédie Italienne. L'Espagnol vantard et rodomont, ce grotesque de cape et d'épée, devait devenir une sorte de Polichinelle toujours rossé.

Un contemporain, esprit grave, le savant Naudé, donne à propos des Espagnols ainsi caricaturés, un détail qui sera cher aux iconographes. « Sous les charniers de Saint-Innocent[1] et au bout du Pont-Neuf, on voit, dit-il, des *Espagnols* en taille douce

1. On lit en effet au bas de quelques-unes de ces estampes : « *A Paris, sous les charniers Saints-Innocents, avec Privil. du Roy. Guerigniau excud.* »

qui ressemblent mieux à des diables ou à des monstres qu'à des hommes ; et pour ne rien dire de leur nez à la judaïque, des moustaches recroquillées en cerceau, des fraises à neuf ou dix estages, des chapeaux en pot à beurre, des espées dont la garde est aux pieds et la pointe aux épaules, des démarches superbes et autres actions ridicules ou insolentes, il me semble que tout ce qu'il y a de gueux, d'infâme et d'extravagant parmi nous est représenté sous le visage d'un Espagnol ; ce néanmoins, auparavant que nous fussions en guerre avec eux, on ne voyait point toutes ces grimaces. [1] »

Le judicieux érudit, quoiqu'il s'amusât de ces images, se demandait s'il était bien équitable de représenter l'ennemi de la nation sous des traits burlesques en omettant à dessein ses qualités. Et il donne raison aux caricaturistes ses contemporains : « Si tu étois, ajoute-t-il, je ne dirai pas à Madrid seulement, mais à Louvain, à Douay, à Malines, Anvers ou semblables villes de Flandre ou d'Espagne, tu verrois assurément qu'elles ne manquent pas de nous rendre la pareille, en donnant à nos François des hauts-de-chausses qui leur tombent sur les souliers, des collets qui descendent jusques à la ceinture, des manteaux qui ne couvrent que la moitié des espaules, des chapeaux à l'anglaise et des moustaches qui pendent jusques aux genoux. »

1. *Jugement de tout ce qui a été imprimé contre le cardinal Mazarin.*

PRISE D'ARRAS
d'après une estampe du recueil de Lagniet.

C'est dans les *Proverbes* de Lagniet qu'on trouve la plupart de ces images contre le joug de l'Espagne ; mais il ne faut pas attribuer au célèbre marchand du quai de la Mégisserie plus de patriotisme que son commerce n'en comportait. Un œil même peu exercé s'apercevra que Lagniet dut se rendre acquéreur de planches de diverses dates, vendues primitivement dans les carrefours, qu'il les rassembla et les pagina en certain ordre pour en faire une série de recueils factices.

Si les médecins, les alchimistes, les prodigues, les débauchés, les aventuriers et les charlatans de toutes sortes forment une agrégation à peu près logique, un certain nombre de sujets, conçus dans un système particulier d'idée ou de gravure, témoigne de l'habileté du marchand qui achetait des planches ayant fait leur temps et conservait à l'historien, en ne croyant faire que du négoce d'auvergnat, des feuilles volantes, fort difficiles à recueillir, même à l'époque où elles circulèrent dans Paris.

On trouve dans l'œuvre de Lagniet une des rares estampes satiriques connues touchant Calvin ; cette pièce, peu importante d'ailleurs, ne cadre guère avec les proverbes, les caricatures contre les modes, le luxe et les lourdes facéties sur les Espagnols ; cependant, de cette dernière série je détache une image un peu plus ingénieuse que la plupart des autres planches relatives au même peuple.

Lors du siége d'Arras en 1640, les graveurs représentèrent l'Espagnol aux prises avec les rats et finalement dévoré par ces animaux, calembour par à peu près qui répondait à la simplicité de l'esprit populaire : *A rats* et *Arras* ; dans une autre image (voir page 191), une sorte de Chat botté, harcelé par des rats ou plutôt des souris, n'en continue pas moins sa marche triomphante sous les murs d'Arras.

Le vaillant chat a fait mentir le proverbe espagnol : « Quand les Français prendront Arras, les souris mangeront les chats. »

## CHAPITRE XVI

**LES CONCINI**

Elles sont inconnues jusqu'alors les caricatures qui forment série et embrassent la vie d'un personnage politique ; le XVIIe siècle inaugura le système de rendre par des images la longueur d'un règne, la fortune d'un courtisan, le renversement d'un traitant. A ce moment seulement pointe la liberté, une sorte de pèse des âmes, de jugement après la vie que les graveurs, non plus que les gazetiers, ne peuvent toutefois donner comme des types d'impartialité.

La foule est prompte à se passionner, lente à se faire une notion du vrai. Les hommes qui allaient être secoués fortement sur la couverture, Concini, Louis XIV, Law, pour ne parler que de ceux dont les actes affilèrent tant de crayons en France et surtout à l'étranger, avaient dominé mais froissé leur époque par les hasards de leur fortune, leurs conquêtes, leurs édits religieux, les massacres qui s'en suivirent, la ruine de ceux qu'enthousiasmaient leurs combinaisons financières. Combien de citoyens forcés de quitter leurs foyers, combien d'hommes enlevés à leurs femmes, à leurs enfants, combien de riches condamnés à la misère par la conversion monétaire en papier! Mais pour émouvoir les peuples il faut des grandeurs d'apparat, des scènes sanglantes, des pluies d'or, et c'est alors seulement que voyant, entendant et comprenant, ils poussent de vaines clameurs et font entrer dans le cadre de l'histoire certains êtres qui étaient à peine appelés à y jouer un rôle médiocre.

Ainsi de Concini. Mort au sein de la fortune, il serait passé inaperçu : une sanglante catastrophe appela tout à coup l'attention sur lui et les siens.

C'est ce qui rend forcément incomplète une Histoire de la Caricature et ne lui permet de poser qu'un pied incertain au bas de l'échelle de l'histoire. Jusqu'au XVIIᵉ siècle, la caricature laissa dans l'ombre d'importantes figures, et, à peine en possession de ses armes, elle les essaya quelquefois sur des personnages de troisième plan, sans s'inquiéter des vides à combler.

Pour prendre un exemple significatif, la Fronde se meut et s'agite, de 1648 à 1653, sans prendre position dans l'Iconographie de la satire. Il y eut dans ces événements parisiens matière à autant de railleries que sous la Ligue ; tout l'esprit de haine et d'agression contre Mazarin prend la forme de pamphlets; les imagiers se taisent malgré le fantôme des Espagnols qu'évoque l'aventureux et aventurier cardinal de Retz. Il est vrai que les graveurs en avaient abusé; mais n'est-il pas singulier que cette série d'émeutes, de complots, de révoltes n'aient animé aucun crayon?

Mythologie des emblèmes de Coyon,
d'après une gravure du temps.

Même silence bizarre pour Louis XIII qui n'occupe qu'un bien bas tabouret dans l'histoire dont j'essaie de rapprocher les morceaux épars, tandis que du haut de leurs gibets les Concini réclament hautement leurs droits à la biographie. Qu'est-ce que Concini? Un

Italien sans titre que la fortune pousse à la cour de Henri IV, qui trouve utile à ses projets d'épouser une fille de la nourrice de la reine, et qui, ambitieux courtisan, devient une sorte de régent, renverse les ministres honnêtes gens, groupe autour de lui des créatures équivoques, prépare la fortune de Richelieu et détruit maladroitement la sienne.

Malheureusement, Concini a vis-à-vis de lui un prince sombre, timide, qui ne rit pas, quoiqu'il ait été élevé gaîment par Henri IV. Un politique plus profond eût pris garde à cette nature en dedans.

Tant que Concini défend Louis XIII contre ses ennemis, il se tient ferme dans son poste de maréchal de France; mais le jeune roi sent la tutelle peser sur sa personne. Il n'est plus libre même dans Paris, et les Tuileries, qu'il ne peut quitter, deviennent une prison. Concini est perdu. Alors le commencement du règne est inauguré par un assassinat froidement conçu, cruellement exécuté.

Louis XIII, de Luynes, de Chaulnes, de Vitry s'entendent. Assez de l'Italien orgueilleux! Qu'on en purge les Tuileries!

Le 24 avril 1617 Concini, escorté de cinquante à soixante personnes, sort de son hôtel pour se rendre au Louvre. Dans la salle des Suisses, de Vitry, le capitaine des gardes, attend que le maréchal soit engagé à l'entrée du Pont-Tournant. L'escorte pénètre dans le palais, de Vitry va à Concini et lui pose la main sur l'épaule.

— Le roi, dit le capitaine, m'a ordonné de me saisir de votre personne. — De moi? — Oui, de vous.

Sur un signe de Vitry, ses gens déchargent leurs pistolets sur le malheureux. Concini, blessé à mort,

Mythologie des emblèmes de Coyon,
d'après une gravure du temps.

tombe à genoux. Vitry, d'un coup de pied, l'étend sur les dalles.

Ce n'est qu'un courtisan de moins.

Le cadavre est enlevé aussitôt et enterré. Personne ne regrette l'aventurier. Aussi bien des bruits sinistres circulent, qui font de Concini un complice de l'assassinat de Henri IV. De la cour, d'où partent ces bruits, l'accusation gagne la ville, les faubourgs. En réalité, Concini laissait une fortune de plusieurs millions. C'était en outre un étranger. Le peuple maudissait cette race d'Italiens empoisonneurs et assassins qui pesaient sur la France, suscitaient des divisions, s'enrichissaient aux dépens de la nation et partis de très-bas s'élevaient très-haut.

Ce ne fut pas assez du meurtre de Concini. Le peuple voulut s'associer à la vengeance royale, la compléter. Le cadavre du maréchal est déterré du cimetière, traîné dans Paris par la populace et accroché sur le Pont-Neuf à une potence récemment préparée, par les ordres de Concini, pour y pendre les gens qui, de son vivant, se permettaient de mal parler de lui.

Le roi est vengé. Le peuple également a cru se venger en coupant les membres du cadavre et en le traînant par les rues. La Chambre criminelle veut aussi sa part de vengeance. La maréchale d'Ancre arrêtée, traduite, condamnée comme sorcière, est exécutée en place de Grève.

En un clin d'œil la fortune de ces favoris de la reine-mère et du roi est brisée comme du verre. Grave enseignement pour Richelieu qui, appelé à la cour par Concini, dut méditer ce jour-là sur la hauteur de la roche du haut de laquelle il est bien rare qu'un homme politique ne soit pas précipité.

De cet assassinat commença à dater la fortune du

cardinal ; j'en parle parce que la caricature le prit à parti aussitôt après la mort des Concini.

Une série de planches anonymes circula alors dans les rues de Paris, sous le titre : *Mythologie des emblèmes de Coyon*. Ce dernier mot tout italien, *coglione*, qui est resté dans les provinces méridionales françaises et qu'on n'entend plus aujourd'hui que dans le vocabulaire des faubourgs, est répété avec une insistance si marquée par le graveur qu'il faut l'expliquer. Concini passait pour être lâche. A la suite d'une querelle avec un personnage de la cour, il avait fui à l'hôtel de Rambouillet et s'y était caché pour ne pas suivre son adversaire sur le terrain : d'où le sobriquet *Coyon*.

Dans la série de ces planches, on voit le maréchal d'Ancre représenté par un écureuil, un animal qui ne brille pas précisément par sa bravoure. L'écureuil offrait en outre au graveur un symbolisme facile à comprendre : une cage mobile en haut de laquelle doit se tenir l'agile animal sans se laisser tomber. Il est utile de noter que la queue triomphante de l'écureuil se dresse en panache dans la première série de ces images pour tomber finalement sous le fer. Des quatrains explicatifs étaient joints d'ailleurs à chacun des sujets pour en bien faire comprendre le sens, et, grâce à la combinaison du dessin et de la légende rimée, Concini, ses favoris et ses adversaires étaient peints suffisamment.

Les trois personnages, placés en haut de la cage

de l'écureuil, étaient les favoris de Concini, Claude Mongot, Babin, Richelieu ; les victimes sont Villeroy, l'ex-chancelier, Duvair, l'ancien garde-des-sceaux, le président Jeannin. Ceux-là, renversés de leurs postes par le maréchal d'Ancre, le graveur les a placés à la descente de la roue.

Dans le second tableau, qui représente un vase de verre contenant des fleurs de lys symboliques brisé par l'imprudent animal, il est dit que pour châtier l'animal :

« Un *vitrier* l'a mis par terre. »

Allusion à l'assassinat commandé par de Vitry. Ces surnoms un peu enfantins ne donnèrent pas grand mal au rimeur ; mais le crayon en a relevé la banalité.

Bien certainement, la Cour commanda ces planches Dans l'une d'elles on voit un homme, tenant sous le bras un grand portefeuille fleurdelysé, lever son bâton sur le pauvre écureuil laissé sans vie sur le carreau. N'est-ce pas une interprétation de la chronique qui rapporte que, pour exciter les complices et s'assurer que Vitry et de Chaulnes exécutaient ses ordres, Louis XIII se tenait caché derrière une fenêtre du palais, et que lorsque le cri convenu se fit entendre : *Vive le roi !* Louis XIII s'était montré, remerciant les exécuteurs : — *Merci à vous ! A cette heure je suis roi !*

Il est certain que le principal acteur de ce drame

sinistre, de Vitry, fut nommé maréchal de France en remplacement de l'Italien, et que les lettres-patentes, présentées au Parlement avec la signature de Louis XIII, mentionnent officiellement l'assassinat commis sur la personne de Concini par ordre de Sa Majesté.

Mythologie des emblèmes de Coyon,
d'après une gravure du temps.

Un dernier détail. Le quatrain final cite « *Conchine* », c'est-à-dire Eléonore Galigaï, femme de Concini.

Ainsi fut traduit en dessins froidement satiriques l'assassinat du Pont-Tournant, un meurtre de cour qui ne semblait pas devoir remuer la nation ; toutefois les trésors accumulés par les deux favoris, la réputation de sorcellerie qui s'attachait à cette Conchine, petite, brune, « laide à force de maigreur », soulevèrent le peuple. Il souffrait de voir son jeune roi conduit par des lisières. Concini mort, de Luynes le remplaça comme favori.

Louis XIII n'avait pu supporter le joug du maréchal d'Ancre. Un grand politique, Richelieu, préparait dans la retraite des liens bien autrement sûrs pour garrotter l'autorité royale.

## CHAPITRE XVII

### CALLOT ET THÉODORE DE BRY

Il est des hommes nés sous une heureuse étoile, qui puisent si abondamment dans les coffres de la Renommée et lui enlèvent de tels lopins de réputation qu'il en reste à peine pour ceux de leurs contemporains qui les valent et parfois les surpassent. Je pense à quelques gens d'un certain mérite, Benvenuto Cellini, Salvator Rosa, Jacques Callot, au char desquels se sont attelés tour à tour biographes, romanciers, auteurs dramatiques et naturellement la foule. Pour avoir été mêlés à de certaines aventures qu'incidentaient les biographes, ces artistes ont été pour ainsi dire encadrés avec leurs personnages, et comme le public s'intéresse particulièrement aux aventuriers, aux matamores, aux pourfendeurs, on a toujours voulu voir dans Benvenuto Cellini et Salvator Rosa des artistes de cape et d'épée, sans trop s'inquiéter de leurs œuvres, de même que les gueux, les bouffons et les bohémiens devaient, depuis deux siècles, former cortège à Callot.

Le graveur est même devenu un terme de comparaison dans l'ordre du grotesque : « *dans le goût de Callot, Fantaisies à la manière de Callot,* » et peu s'en est fallu que son nom ne forçât les portes du dictionnaire et ne prit la place de celui de « falot. »

J'ai à diverses reprises feuilleté l'œuvre du graveur lorrain pour y chercher ce *feu*, cette *fougue*, ce *génie*, sur lesquels les biographes ne tarissent pas.

« Pourquoi ne puis-je me rassasier de tes ouvrages bizarres et fantastiques, ô maître sublime ! » est un mot d'Hoffmann qui m'était resté dans l'esprit. Et chaque nouvelle étude des ouvrages de Callot me renforçait dans l'idée qu'il n'était qu'un graveur raisonnable, d'une imagination médiocre.

Un écrivain a particulièrement insisté sur « la verve comique qui étincelait dans les dessins » de Callot, lorsqu'il étudiait chez son premier maître en Italie. A en croire le biographe, dans l'enfance du graveur cette même verve « s'épanchait, sans s'épuiser jamais, dans d'innombrables caricatures où chaque personnage de sa connaissance était représenté avec son ridicule le plus saillant [1]. » Ces dessins d'enfance, de jeunesse, qui les a vus ? Dans quelle collection se trou-

---

1. Ed. Meaume. *Callot, recherches sur sa vie et ses œuvres.* 2 vol. in-8°. 1860.

DETAILS DE L'ENTOURAGE
de la planche *Le capitaine des folies* de Théodore de Bry.

vent-ils[1] ? Pour en retrouver trace, il faut se reporter à l'œuvre du graveur.

Trois séries sont à consulter : le *Balli di Sfessania*, les *Varie figure gobbi*, gravées à Florence en 1616, et les *Caprici di varie Figure*, dans lesquelles quelques rares grotesques sont mêlés à des figures et des attitudes régulières.

Les planches de masques et de bouffons italiens forment tout au plus un vingtième de l'œuvre de Callot ; ce sont elles pourtant qui ont le plus contribué à la réputation d'un graveur correct de fêtes princières, de sièges, de sujets pieux. L'imagination du public a considérablement travaillé pour travestir d'un habit de fou un artiste raisonnable et patient.

Je ne demande pas mieux que de m'égayer aux danses dégingandées de Cocodrillo, de Gian Farina et de Franca Tripa ; les seringues mêlées aux mandolines ne me choquent en quoi que ce soit ; Puliciniello déclarant sa flamme à la signora Lucretia, je l'admets, comme aussi ce personnage qui s'appelle du nom invraisemblable de Cucurucu ; mais je ne trouve pas une forte variété de comique dans le *Balli di Sfessania* : ce cahier d'eaux-fortes, composé de quelques feuillets, se répète invariable-

---

[1]. Une revue, *l'Art*, a publié dans ces dernières années de nombreux croquis inédits de Callot, conservés en Italie. Ces documents nouveaux n'ont rien apporté de particulier sur la fantaisie du graveur.

ment à chaque page. Aussi doivent-ils accuser Callot de pénurie comique les Italiens qui sont doués d'une verve endiablée, eux dont la mimique est particulièrement gesticulante.

Si Callot donne dans cette série une idée des acteurs de tréteaux de Florence, son second cahier, *Varie figure gobbi*, publié à Florence en 1616, qui contient de petits personnages, tous bossus, tous à grosses têtes, tous à gros ventres, est d'une infériorité marquée.

La seule qualité de ces petites pièces, qualité un peu négative, gît dans la pointe sérieuse qui traduit le branle et les contorsions de cette bande de fantoches. Le graveur est resté impassible en reportant sur son cuivre la nature frétillante de ses personnages.

C'est un cas sur lequel Diderot n'eut pas manqué de s'arrêter dans le *Paradoxe du comédien*, à savoir si l'artiste qui doit émouvoir, attendrir, provoquer la gaieté, a besoin lui-même de partager cette émotion, ce rire, cet attendrissement. Pour moi, je crois qu'une émotion ne peut être déterminée dans le public que par un homme ému. Un artiste qui ne s'amuse pas le premier de son œuvre court grand risque de laisser le public froid. Qu'est-ce qu'un livre, un tableau, une œuvre musicale, sinon la vibration d'une âme qui ressent vivement et par là détermine les mêmes sensations dans le public ?

Callot manquait de ces vibrations qu'on est certain

que partageait le grave Rabelais dans ses bouffonneries.

Les grotesques sont donc peu de chose dans l'œuvre considérable du graveur lorrain, et on est étonné que la postérité les ait accrochés dans son

D'après une figure de *Varie figure gobbi*.

petit Musée où même les merveilles n'entrent que difficilement.

Il resterait alors à l'avoir de Callot la *Tentation*, sa pièce capitale, celle où affluent les diableries de toute nature.

Au risque de choquer les esprits cramponnés à la tradition, et qui se rendent rarement compte par eux-mêmes de leurs sensations, j'avoue que cette fameuse *Tentation* me laisse absolument froid, et qu'elle me semble le contraire du fantastique. A regarder l'ensemble, on trouve, avec un manque d'effet, une sécheresse qui fait comprendre l'opinion sensée de Mariette : « Callot était né pour être l'inventeur des minuscules productions qui, dans un très petit espace, représentassent de grands sujets. » Ici le champ me paraît beaucoup trop vaste pour les figures lilliputiennes du graveur. L'acteur principal, le grand diable qui semble descendre des frises du théâtre et qui appelle tout d'abord l'attention par son envergure considérable, manque de l'accent d'étrangeté que les Orientaux apportent dans leurs représentations surnaturelles.

Si de ce personnage, qui lance autour de saint Antoine tant de larves capricieuses, de diables et de chimères, on passe aux enfants que sa gueule a vomis, que voit-on ? La plupart sont chargés d'assourdir les oreilles du saint par une musique et des détonations empruntées invariablement à l'arsenal du dieu Crepitus. Ces acteurs de second ordre appuient presque tous l'embouchure de leur trompette à une ouverture qui n'est pas précisément la bouche ; la fumée de leurs détonations sort invariablement par le même orifice.

Autre moyen pour rendre grotesque la physionomie de ses personnages : Callot leur ajuste sur le nez de grandes lunettes. Une paire ne lui suffit pas ; il en devient prodigue comme s'il n'y avait

Fragment de la *Tentation* de Callot.

que des masques à lunettes dans sa boutique. Crépitation et lunettes sont donc ses deux grands moyens de bouffonnerie, et malheureusement le burin du graveur n'est ni assez varié ni assez plaisant pour faire oublier cette unité de situation.

« Callot sut introduire dans ce chef-d'œuvre, *la Tentation*, un mélange de sérieux et de comique, de

Fragment de la *Tentation* de Callot.

grotesque et de grandiose, digne du Dante et de l'Arioste, » dit le biographe déjà cité.

Qu'un Lorrain vante le patriotisme du graveur refusant de graver une planche que lui commandaient des adversaires triomphants, rien de mieux. Mais mettre l'auteur de la *Divine Comédie* au même rang qu'un ouvrier patient, voilà qui passe les bornes.

Ceux qui connaissent les vieux maîtres flamands, Jérôme Bosch, Breughel le Drôle, Théodore de Bry, savent d'ailleurs combien Callot a emprunté à leurs planches de détails pour sa *Tentation*. Ceux-là, les peintres flamands du xvie siècle, étaient pleins d'imaginations compliquées, débordantes, confuses. Travailleurs infatigables, ils avaient bourré leur grange d'un tel amas de drôleries, de rêves fantasques, de symboles étranges, que les artistes qui leur succédaient y trouvaient tous à puiser.

Les gravures de Callot, dit M. Thomas Wright, décèlent une richesse extraordinaire d'imagination dans les formes, les postures, les physionomies et même les accoutrements des êtres chi-

Détail de la *Tentation* de Callot.

mériques, tous également plaisants et burlesques, tout en présentant un contraste complet avec les conceptions plus grossières et plus triviales de l'école allemande et flamande [1].

Autant d'affirmations que je ne voudrais pas con-

1. *Histoire de la Caricature et du grotesque dans l'art.* 1867.

tredire chez l'honorable archéologue anglais. La *«richesse extraordinaire d'imagination»* dans les *postures* et les *physionomies* pourrait être traduite par pénurie dans le comique et grande pauvreté d'idées grotesques. Si je consulte les ingénieuses ornementations de Théodore de Bry qui forment cadre aux deux célèbres estampes : *Orgueil et folie*, et *le Capitaine des folies*, loin d'y trouver les conceptions *grossières* et *triviales* des écoles allemande et flamande dont parle M. Wright, je vois dans un petit espace de fines et délicates niellures d'où s'échappent les larves, les animaux fantastiques, les diables et les

D'après Théodore de Bry.

singes d'une essence bien supérieure à celles qu'employait le graveur lorrain.

Dans les livres à miniatures du XVIe siècle, quand l'esprit du peintre est tant soit peu tourné à la fantaisie, c'est une prodigalité de figures bizarres qui s'échappent du pinceau et ne semblent jamais trouver de marges assez larges pour les remplir.

Qu'est-ce que ces figures ? Des caprices, des bizarreries, des rêves, des souvenirs confus de facéties qui ne sont pas parvenus jusqu'à nous.

Même dans les lettres ornées des Heures, l'ornema-

D'après un Livre d'Heures.

niste fait courir ses fantaisies sur un semis de fleurs décoratives qui se rattachent à l'art.

Je ne vois rien de semblable dans l'œuvre de Callot. Il n'a pas la richesse de détails des anciens maîtres et ne peut lutter ni avec les Flamands, ni avec les Français qui l'ont précédé dans la voie du caprice.

La Lorraine va élever une statue à Callot. Étant admis que le bronze et le marbre soient prodigués par la province à des figures historiques de cet ordre, je réserverai à peine dans cette Histoire de la Caricature un buste au graveur, qui n'a appartenu qu'acci-

Manuscrit flamand du xvi⁰ siècle.

D'après un manuscrit flamand du xvi⁰ siècle
de la Bibliothèque de Cambrai.

dentellement à la classe des maîtres, surnommés « les drôles ».

Je sais bien que je vais choquer beaucoup d'idées admises, tant l'imagination l'emporte sur la réalité, tant les opinions de convention et qui se perpétuent forment glu et prennent les esprits légers et même parfois réfléchis.

## CHAPITRE XVIII

#### LA CARICATURE SOUS LOUIS XIV

Le prince de Conti donnait un bal masqué pendant le carnaval. Une femme de la cour, qui passait pour être fortement éprise du comte d'Évreux, fut invitée, dans le milieu de la soirée, à faire partie du quadrille par un masque habillé d'une robe flottante. La dame accepta sans remarquer que son danseur avait quatre masques, un par devant, un par derrière et deux de chaque côté des oreilles. Ce travestissement n'eût été que bizarre si un des masques n'avait été pour ainsi dire moulé sur la figure du comte d'Évreux. A chaque passe du quadrille, à chaque vis-à-vis, le désagréable personnage masqué affichait la dame, en lui présentant les traits de son amant, avec assez d'affectation pour que les spectateurs s'en aperçussent. Le mari lui-même comprit cette comédie imaginée par un rival du comte d'Évreux, qui se vengeait des bonnes fortunes de ce dernier en compromettant celle qui lui voulait du bien.

La cour s'amusa beaucoup d'une telle mystification, et Saint-Simon l'a contée tout au long dans ses *Mémoires* avec infiniment plus de verve que ne le permet ce résumé ; mais je tiens à citer *in extenso* le récit suivant, qui touche à un point d'archaïque et comique tradition.

Un des bals de Marly donna encore une ridicule scène. J'en nommerai les auteurs parce que leur conduite publique ne laisse rien à apprendre. Monsieur et madame de Luxembourg étoient à Marly. On manquoit assez de danseurs et de danseuses, et cela fit aller madame de Luxembourg à Marly, mais avec grand peine, parce qu'elle vivoit de façon qu'aucune femme ne vouloit la voir. On en étoit là encore quand le désordre étoit à un certain point ; maintenant on est malheureusement revenu de ces délicatesses. M. de Luxembourg étoit peut-être le seul en France qui ignorât la conduite de sa femme qui vivoit aussi avec lui avec tant d'égards, de soins et d'apparente amitié, qu'il n'avoit pas la moindre défiance d'elle. Par même raison de faute de gens pour danser, le roi fit danser ceux qui en avoient passé l'âge, entre autres M. de Luxembourg. Il falloit être masqué ; il étoit, comme on a vu, fort des amis de M. le duc et de M. le Prince de Conti, qui étoit l'homme du monde qui avoit le plus de goût pour les fêtes, les mascarades et les galanteries. Il s'adressa donc à lui pour le masquer. M. le Prince, malin plus qu'aucun singe et qui n'eut jamais d'amitié pour personne, y consentit pour s'en divertir et en donner une farce à toute la cour : il lui donna à souper, puis le masqua à sa fantaisie...

Je venois d'arriver, et j'étois déjà assis lorsque je le vis derrière force mousseline plissée, légère, longue et voltigeante, surmontée d'un bois de cerf au naturel sur une coiffure bizarre, si haut qu'il s'embarrassa dans un lustre. Nous voilà tous bien étonnés d'une mascarade si étrange, à nous demander avec empressement qui est-ce et dire qu'il falloit que ce masque fût bien sûr de son front pour l'oser parer ainsi, lorsque le masque se tourne et nous montre M. de Luxembourg. L'éclat de rire subit fut scandaleux. Le hasard fit qu'un moment après il vint s'asseoir entre M. le comte de Toulouse et moi, qui aussitôt lui demanda où il avoit été prendre cette mascarade. Le bon seigneur n'y entendit jamais finesse, et la vérité est aussi qu'il étoit fort éloigné d'être fin en rien. Il prit bénignement les rires, qui ne se pouvoient contenir, comme excités par la bizarrerie de la mascarade, et raconta fort simplement que c'étoit M. le Prince à qui il s'étoit adressé, chez qui il avoit soupé et qui l'avoit ajusté ainsi ; puis se tournant à droite et à gauche se faisoit admirer et se pavanoit d'être masqué par M. le Prince. Un moment après les dames arrivèrent et le roi aussitôt après elles. Les rires recommencèrent de plus belle et M. de Luxembourg à se présenter de plus belle aussi à la compagnie avec une confiance qui ravissoit. Sa femme, toute connue qu'elle fût et qui ne savoit rien de cette mascarade, en perdit contenance, et tout le monde à les regarder tous deux et toujours à mourir de rire. M. le Prince en arrière du service, qui est des charges qui se placent derrière le roi, regardoit par la chattière et s'applaudissoit de sa malice noire. Cet amusement dura tout le bal, et le roi, tout content qu'il étoit toujours, rioit aussi, et on ne laissoit point d'admirer une invention si cruellement ridicule ni d'en parler les jours suivants. »

Ces deux historiettes montrent que la plaisanterie ne perdait pas ses droits dans le monde qui entourait Louis XIV, et on recueillerait facilement un certain nombre de gaietés qui jettent leur note capricieuse sur ce fond tendu et solennel de la cour du roi-soleil ; mais de telles éclaircies amusantes et bien françaises devaient prendre un caractère de raillerie plus aiguë pendant la vieillesse de Louis XIV.

La caricature ne s'était pas attaquée au prince jeune et triomphant ; elle surgit alors que le roi

LOUIS XIV

D'après une caricature hollandaise

s'était jeté dans la dévotion, poussé par Madame de Maintenon et son entourage de confesseurs.

Combien la cour regretta alors la jeunesse de Louis XIV, ses conquêtes d'amour et de guerre! Sous la gouverne de la veuve Scarron, le roi faisait penser au *Malade imaginaire* aux mains d'une madame Pernelle! Entouré de fanatiques qui soufflaient des guerres de religion, Louis XIV apparaissait dans le fond d'une alcôve où se dressaient d'un côté les coiffes de celle qu'on appelait « la vieille guenipe », de l'autre le bonnet carré d'un jésuite.

Nous ne posséderions pas les admirables *Mémoires* de Saint-Simon que nous serions éclairés sur certains de ces points par la correspondance de la princesse Palatine, l'Allemande, mère du régent, qui recueillait tous les bruits de la cour et les envoyait à ses amis à l'étranger. « Il n'y a plus à la cour que tristesse, ennui et méfiance, écrit-elle en mai 1707 ; on répand contre le roi, contre les généraux et les ministres, des libelles qui sont un témoignage de la grande méchanceté de ce temps-ci. »

Ce n'était pas seulement le fait des gazetiers, des folliculaires, des écrivains aux gages des libraires. Les couplets les plus frondeurs partaient de la cour, des membres de la famille royale elle-même.

Hardie et moqueuse la duchesse de Bourbon, fille naturelle de Louis XIV, laissait rarement une semaine se passer sans draper la Maintenon qui avait plus qu'une autre contribué à attiser la dévotion du roi.

> Tant que vous fûtes libertin,
> Vous étiez maitre du destin,
>     Landerirette;
> Ah! pourquoi changer de parti,
>     Landeriri?

Louis XIV ne jouait plus alors le rôle que lui attribuait plus tard l'auteur d'*Abhendlung von der Fingeren* (Traité des doigts, de leurs fonctions et de leur signification politique (1).

A propos de la guerre de la succession, une estampe satirique, la seule qui se soit glissée dans l'ouvrage, représente une main sortant d'un nuage et tenant une marionnette suspendue à chaque doigt. Chacune de ces figures porte le costume et les attributs des princes de l'Empire, alliés dociles de Louis XIV. La légende, tirée des *Actes des apôtres*, porte : *In te vivimus, movemur et sumus*.

La caricature ne devait pas toujours se montrer si complaisante pour Louis XIV. Il y eut toutefois un moment de transition pendant lequel elle offrit encore un caractère symbolique qui semble tenir à la matière dont elle se servait. Tant que la raillerie fut métallique, le petit champ dont elle disposait la contint dans de certaines bornes : la feuille de papier se prête à plus d'injures ; aussi faut-il chercher

---

1. Leipzig, 1756. In-8°.

d'abord dans les tiroirs des médaillers la défense des réformés et la protestation des étrangers contre les guerres suscitées par l'entourage religieux du roi.

Ces médailles sont nombreuses, je ne peux en citer que quelques-unes des plus caractéristiques.

Sur l'une d'elles un paysan hollandais montre du doigt un fromage sur lequel est écrit : *Fromage d'Hollande ;* le personnage regarde le soleil au milieu duquel se dresse un lys avec la légende *sta sol.* Cette face est datée du 12 septembre 1673 ; au revers, daté du 13 novembre 1673, fuit un cheval gaulois avec cette inscription : *Il ne sçait où aller.*

Une autre avec l'effigie de *Ludovicus Magnus Rex* représente le roi qui rentre à Versailles dans un char traîné par deux femmes ; une troisième le précède portant au bout d'un bâton un sac vide sur lequel est tracé un O (un zéro). La légende est significative : *Venit, vidit sed non vicit,* et au dessous : *A Belg. expediti redux Versal. M. Ivn* MDCXIII.

D'autres représentent un coq et des poules hollandaises effarées et tremblantes devant un renard français ou, à la prise de Lille, le coq gaulois fuyant devant le lion britannique.

Je citerai encore la médaille suivante.

La Reine Anne endormie sous un pavillon auprès duquel des hommes tenant une corde coupent les cheveux à Louis : *Philister Vber dir Simson.* Au bas : *Post varias vrbes et dvacvm gallis Gereptvm D. 27. Jvn.* 1710. Revers. La Reine joue de la harpe, Louis, en costume de malade, chante en se soutenant sur deux béquilles : *Il faut s'accoutumer aux dames.* Au bas : *Ludovic. Magn. Anna. Illo Maior.*

En 1689, les armées françaises ayant éprouvé de certaines pertes sur le Rhin, Louis XIV ne se sentit pas assez fort pour tenir tête aux puissances liguées contre lui. Un accommodement fut conclu avec les Algériens en même temps qu'avec la cour de Rome, et le roi-soleil, dont les rayons s'éclipsaient, fut contraint de retirer ses troupes d'Avignon et de mettre le Nonce du pape en liberté.

C'est à cette transaction que fait allusion la médaille satirique suivante :

Médaille d'après l'*Histoire métallique* de Van Loon.

Louis XIV rend un lavement que le pape vient de lui donner. Le pontife tient d'une main la seringue dont il s'est servi, de l'autre, le bassin sur lequel le roi est assis et dont le bord est marqué de l'inscription : *immunitas Ditionum Legatorum :* Franchise des quartiers des ambassadeurs. A côté de lui est un autre bassin sur lequel est écrit *aveino* (Avignon). Un Algérien, ayant à ses pieds une des bombes que le roi s'était engagé à fournir aux corsaires, lui tient la tête d'une main et de l'autre présente un pot de chambre dans lequel Louis XIV vomit quantité de pièces d'argent. Sur le tour de la médaille on lit : *Necessitati ne quidem Dii resistunt* (les dieux même ne peuvent résister à la nécessité).

Allusion aux courtisans flatteurs qui prétendaient trouver dans la personne du roi quelque chose de divin.

Ils sont certainement grossiers à analyser les motifs de cette médaille ; mais à la regarder, on sera certainement moins choqué que des images des Réformés contre la cour de Rome. Le sujet, quoiqu'appartenant à l'ordre scatologique, est traité assez finement dans un étroit espace, et il faut bien se rappeler que l'esprit français, même à la cour, se complaisait à ces thèmes. Bassins, chaises percées, seringues et lavements furent des accessoires comiques très en vogue à la cour de Louis XIV. Molière, au théâtre, Saint-Simon, dans ses *Mémoires,* ne se privent ni de les décrire, ni de s'en amuser.

Ces médailles paraissaient de bonne guerre ; on les connaissait à Versailles et elles circulaient assez librement à la cour, ainsi que le constate une lettre d'avril 1707 de la Princesse Palatine, qui écrit à un de ses correspondants d'Allemagne :

> Je vous remercie des médailles que vous m'avez envoyées, mais j'aurais voulu recevoir celles qu'on a faites contre la France ; j'ai déjà les plus injurieuses. Celles qui ont été fabriquées à l'époque du roi Guillaume, on peut les voir ici sans qu'il y ait à redire : le roi et les ministres les ont eux-mêmes ; ne faites donc point de façon pour me les faire passer à la première occasion.

Alors vivait emprisonné à la Bastille un aventurier qu'un cerveau mal équilibré avait jeté dans d'étranges aventures de femme. Il s'appelait Eustache Le Noble et ne manquait pas d'esprit pour l'époque. Ce journaliste, qui était une sorte d'Alphonse Karr politique de son temps, avait la liberté de lancer sous forme de cahier mensuel ses journaux du fond de sa prison. Sorti de la Bastille et condamné à l'exil, il obtenait de rester incognito à Paris ; mais une autorisation tacite de la police lui permettait de continuer son commerce de brochures. Naturellement il défendait les intérêts Français dans ses cahiers.

Ce fut donc à répondre à la Hollande qu'Eustache Le Noble fut occupé de 1608 à 1707, et si le folliculaire a droit à une place dans l'histoire littéraire de l'époque, c'est à un autre titre qu'il figure dans ce chapitre. Les cahiers mensuels du journaliste sont ornés d'images dont je détache la plus piquante, une conversation « entre

MYLORD GRUE ET LE BOURGMESTRE OYZON

Fac-similé du frontispice des *Travaux d'Hercule*. — Aoust 1694.

mylord Grüe et le bourguemestre Oizon. » On a là l'idée d'un Grandville à la fin du xviie siècle et dans cette image, qu'on peut attribuer au graveur Ertinger, il est curieux de suivre dans un décor princier, le costume solennel des courtisans représentés sous les traits d'oiseaux de basse-cour.

Les Hollandais condamnèrent certains écrits d'Eustache Le Noble. Il y mettait pourtant une réserve que les libellistes et les graveurs du pays ne gardaient pas vis-à-vis de Louis XIV.

Un livre de cette époque est resté, dont la célébrité tient sans doute à sa vulgarité et aux noms des personnages en jeu : les *Héros de la Ligue ou la procession monacale, conduite par Louis XIV, pour la conversion des protestans du royaume de France*[1]. Ce volume, publié en Hollande, forme un recueil de figures gravées en manière noire, dans lesquelles on a travesti lourdement les évêques, les ministres et autres personnages politiques qui jouèrent les premiers rôles dans la révocation de l'édit de Nantes : Louis XIV, Madame de Maintenon, Bossuet, le père Lachaise, Le Tellier, Louvois, Marillac, La Reynie, Le Camus, lieutenant-civil du Châtelet, etc.

Ces portraits sont sans accent, sans relief et d'un ouvrier fort médiocre qui a entendu parler des personnages de la cour de Louis XIV et qu'il peint, en

---

1. A Paris [Hollande] chez père Peters, à l'enseigne de Louis-le-Grand, 1691. In-4º.

vrai Hollandais qu'il est, en buveur, en fumeur, en caresseur de filles.

Deux lignes de Mémoires contemporains en apprennent plus que ces méchantes images sur les personnages dont quelques-uns pourtant prêtaient à la caricature [1].

M. Léon de Laborde, dans son *Histoire de la gravure à la manière noire* [2], attribue aux graveurs Gole ou Schenck les images des *Héros de la Ligue* et d'autres livres du même ordre ; mais, ajoute avec raison l'érudit, ces graveurs « n'ont eu garde de se faire connaître ; l'exécution est en même temps médiocre, l'intention toujours grossière, et l'on y cherche vainement l'esprit qui doit accompagner ces sortes de satires. »

En effet, pas trace de finesse dans ces déformations du masque humain. C'est pourquoi leur aspect commun leur a valu une sorte de succès. Soulavie réimprima ces images dans sa compilation des *Mémoires de Maurepas* [3] et aujourd'hui elles sont reproduites à de nombreux exemplaires sous un émail grossier,

---

1. Si on s'en rapporte à la princesse Palatine, le père Lachaise « était un vieillard de quatre-vingt-ans, qui avait l'air d'un âne, de longues oreilles, une grande bouche, une grosse tête, une longue figure. » Lettre du 12 octobre 1717, dans laquelle la mère du Régent défend le jésuite contre les accusations populaires et contre les pamphlets qui voulaient en faire un amant de la Reine.

2. Paris, impr. Didot, 1839. In-8°.

3. 1792, 4 vol. in 8°.

LOUIS XIV AU LIT DE MORT,
d'après une caricature hollandaise.

au fond d'assiettes que vendent aux collectionneurs naïfs les truqueurs sous le prétexte de faïences historiques.

Au cahier d'images précédent (car un sonnet seul en constitue le texte) il faut joindre l'ouvrage suivant : *Renversement de la morale chrétienne par les désordres du Monachisme, enrichi de figures. On les vend en Hollande, chez les marchands libraires et imagiers.* (S. date, avec privilège d'Innocent XI.)

De ces planches, qui manquent de piquant, on ne peut guère citer que le frontispice, l'*Abrégé du faux clergé romain*, qui rappelle les anciens motifs des graveurs de la Réforme. Prêtres, moines, membres du clergé se sont emparés du Christ pour le pressurer et lui donner la question ; des plaies du divin torturé s'échappent des quantités considérables d'or et d'argent dont l'Église s'empare avec avidité.

Les bibliophiles n'ont enregistré qu'avec prudence ces livres hollandais à figures qui offrent souvent de certains écarts dans le nombre des planches. Une note manuscrite sur la garde d'un exemplaire que j'ai eu entre les mains donne quelques indications au sujet des variantes du *Renversement de la morale chrétienne* ;

---

La première idée de l'artiste, qu'on croit être Corneille Dusaert, et de celui qui le payait, était, paraît-il, de représenter sous le froc, des princes catholiques romains assemblés pour le gâteau des rois autour du roi Jacques représenté en roi de la fève ; une des figures représente le pape Ganganelli.

A la mort du promoteur de ces planches, ses héritiers ne

voyant plus ce qu'ils feraient de ces gravures satiriques, imaginèrent de les lier ensemble par un discours quelconque. La matière fit bientôt défaut, l'auteur n'ayant fourni que les deux tiers de l'ouvrage projeté à raison de deux pages par figure...

« Les premiers exemplaires furent répandus ainsi dans le public. Peu après, la révocation de l'édit de Nantes fournit un prétexte pour écouler ces caricatures monacales; on y ajouta de nouvelles planches où figuraient le P. Le Tellier, M<sup>me</sup> de Maintenon et autres personnages différents de la cour de Louis XIV, sous le titre de *Héros de la Ligue*, et l'ouvrage eut alors un certain débit surtout parmi les réfugiés français en Hollande et dans les États de Brandebourg.

A l'exception de Vauban, on ne voit pas que ces caricatures religieuses et les pamphlets hollandais sur la même matière aient beaucoup ému en France l'esprit public.

« Les ennemis de la France, lit-on dans le manuscrit original des *Oisivetés* de Vauban, ont publié et publient tous les jours une infinité de libelles diffamatoires contre elle et contre la sacrée personne du roi et de ses ministres... La France foisonne de bonnes plumes... Il n'y a qu'à en choisir une certaine quantité des plus vives et à les employer; le roi le peut aisément sans qu'il lui en coûte rien, et pour récompenser ceux qui réussiront, leur donner des bénéfices de deux, trois, quatre, cinq à six mille livres de rentes; ériger ces écrivains, les uns en *anti-lardonniers*, les autres en *anti-gazetiers*.

Il ne faudrait pas dire que le maréchal de Vauban montrât plus de génie dans l'art des fortifications que dans celui du journalisme. Un autre homme politique sous Louis-Philippe, M. Guizot, créait au ministère de l'intérieur un *bureau d'esprit public*, chargé de défendre le roi et ses ministres contre les attaques des républicains. Les rédacteurs, envoyés en province avec de bons appointements, devaient faire le coup de poing dans les feuilles ministérielles, et nous en connaissons encore de ces *anti-lardonniers* du gouvernement constitutionnel.

La création de Vauban paraît s'être arrêtée plus tard au seul Eustache Le Noble. Le pamphlétaire donne à entendre dans une de ses *Gazettes* qu'il recevait des ministres de Louis XIV des communications officieuses, et pour répondre plus directement aux caricaturistes hollandais, en tête du cahier *Les Mercures, ou la tabatière des Etats d'Hollande,* il publie une gravure satirique où est représentée la République hollandaise ayant les apparences d'une grosse banquière à un comptoir, entourée de coffres ouverts et presque vides ; sous la porte, le ministre du roi-Stathouder fait enlever par des crocheteurs ce qui reste au fond de ces coffres, tandis que les créanciers de la République tendent piteusement leurs titres dont ils réclament en vain le payement.

Cela était de bonne guerre et irritait fort le gouvernement hollandais qui condamnait ces libelles au feu ; ce qui sortait des presses d'Amsterdam semblait moins condamnable aux gens du pays.

Je donne, page 225, la réduction fac-similé d'une gravure satirique hollandaise relative à un conseil de cabinet tenu entre Louis XIV, le duc de Bavière et le maréchal de Villeroy, à propos d'une défection de l'armée française en Flandre.

Cette gravure est extraite de l'*Almanach royal commençant avec la guerre de l'an 1701 jusques..... où est exactement observé le cours du soleil d'injustice avec ses eclips* (sic) *: ou la juste punition du ciel démonstré dans* XVIII *emblemes gravez en taille doux* (sic)*; où l'on a ajouté l'éclaircissement de chaque figure en poésie : par les plus fameux maistres de notre temps. A Paris, imprimé à l'imprimerie Royal du petit Louis.*» Le titre est long, mais fallacieux. Heureusement l'orthographe toute batave démontre clairement que l'« imprimerie Royale du petit Louis, » était située dans quelque ruelle d'Amsterdam.

Il en était de Louis XIV comme il en advint plus tard de Law. Peu de temps s'écoulait sans qu'un graveur ne lançât quelque feuille volante contre le roi de France. L'actualité passée, un marchand groupait ces planches, y ajoutait un titre et répandait sous le manteau, à la cour et à la ville, ces invectives d'un comique douteux.

C'est à titre de curiosité et de type de la caricature politique en Hollande, que je publie cette planche qui tient autant du journal que de la gravure. « L'éclaircissement de chaque figure en poésie » se traduit par des vers et de la prose, en hollandais et en français à la fois. Les acteurs en jeu tiennent des papiers en guise de placets; ils parlent en même temps que l'auteur de la planche. C'est ici qu'*écriture* rime avec *caricature*. Un mariage entre les deux arts suivi d'un assez mauvais ménage. L'imprimerie, devenue bavarde insupportable, prend le pas sur la gravure et ne respecte en rien ses traits qui n'ont d'ailleurs rien de délicat. Les habits des personnages sont non pas soutachés, mais tachés de demandes et de réponses ; pour broderies aux pourpoints des lignes obliques de typographie ; pour galons aux chapeaux encore de l'écriture. Si le personnage est assis sur un siège, l'escabeau lui-même est enveloppé de légendes absurdes ; le sceptre de Louis XIV parle, l'épée de commandement de Villeroy fait éclater sa douleur en se brisant. Qu'un des acteurs fasse un geste, la prose et les vers s'y glissent comme du mastic entre les vitres. Pour fond du tableau, de l'écriture, toujours de l'écriture affectant toutes les formes, longue, carrée, droite, oblique, serpentine, anguleuse. Un gâchis que ces caricatures hollandaises ! Une conversation de tour de Babel ! Par quel bout commencer pour suivre cet « éclaircissement » ou plutôt ces propos dus à des breuvages épais à couper au couteau ?

Si, suivant le mot de Rivarol, les Hollandais ont besoin de se mettre trois pour comprendre une plaisanterie, à combien de gens avaient-ils recours pour en commettre de semblables ? Il semble que dans ces ateliers de gravures satiriques chaque ouvrier ait dit son mot, qu'un calligraphe enregistrait scrupuleusement en y ajoutant peut-être sa part.

Il en est toutefois dans le nombre quelques-unes

moins lourdes, moins massives quoiqu'elles ne partent pas d'un esprit délicat : témoin la caricature relative à la campagne de 1672, et qui fait partie de la collection Hennin, au Cabinet des Estampes, rare note satirique que la légende peut faire comprendre : *La comtesse d'Hollande à l'article de la mort : les Français lui ordonnent de grandes évacuations : l'Angleterre dit qu'un vomitif lui sera salubre*, etc.

## CHAPITRE XIX

### CARICATURES SOUS LA RÉGENCE. — LAW

On trouve chez les libraires qui font commerce d'anciens livres un in-folio assez volumineux, contenant la collection d'images symboliques et satiriques publiées en Hollande sur la grandeur et la décadence de Law et de son système[1].

Des officines d'Amsterdam furent lancés, presque chaque jour, pendant le court espace du triomphe du financier écossais, des pamphlets, des caricatures, des chansons qui, par leur grand nombre, peuvent être comparés au déluge des *Mazarinades*.

La débâcle arrive. La rue du Mississipi reprend son nom vulgaire de Quincampoix, et il semble que ce

---

1. Le véritable titre bibliographique est : *Het groot Tafereel der Dwasheit*, c'est-à-dire : *Le grand tableau des dupes ruinées par les actions des sociétés Financières véreuses en France, Angleterre et les Pays-Bas, en* 1720. Imprimé à l'usage de la postérité. s. l. [Hollande]. In-fol.

cataclysme financier, qui a ruiné tant de gens, doive rentrer dans la classe des grands bouleversements de la nature ou des secousses sociales qu'on croirait devoir anéantir une nation et que la nation, quoique fort éprouvée, oublie six mois après ; mais les marchands d'estampes hollandais se trouvaient à la tête d'un amas considérable de planches qui manquaient d'actualité. La chute du système, le départ de Law, avaient été trop rapides pour les imagiers ; leurs placards satiriques ne comportaient guère plus de valeur que les actions de l'Écossais.

En gens pratiques, de ce « bouillon » (c'est le mot consacré) empilé dans leurs magasins, les marchands hollandais imaginèrent de faire relier les diverses estampes parues au jour le jour et de donner à cet ensemble un caractère fixe et historique, sans s'inquiéter si telle feuille avait la dimension du volume, si telle autre n'était pas trop petite ou trop large. Il en arriva de même, je l'ai dit, pour les *Illustres Proverbes* de Lagniet dont la collection, presque toujours incomplète, fait le désespoir des iconophiles. Quelques-unes des feuilles volantes des deux publications avaient plus répondu que d'autres, lors de leur mise en vente, à la malice des acheteurs et n'existaient qu'à petit nombre ; quelques autres étaient épuisées. Par suite, un grand nombre d'exemplaires du *Tafereel der Dwasheit* devint forcément incomplet.

Sans s'arrêter à ce détail bibliographique, il n'en

PORTRAIT DE LAW
D'après une estampe hollandaise

reste pas moins dans cette agrégation factice de planches, dues à divers burins, une source abondante et satirique qui jaillit, non pas toutefois pour arroser l'entreprise de Law.

En tête du volume se trouve habituellement le portrait du financier en costume de grand apparat avec la légende :

M. JEAN LAW, CONSEILLER DU ROY EN TOUS SES CONSEILS, CONTROLEUR GÉNÉRAL DES FINANCES EN 1720.

Et au-dessous ces vers :

« Sous l'Auguste et sage Régence
D'un Prince aymant la bonne foy,
Law, consommé dans l'art de régir la Finance,
Trouve l'art d'enrichir les sujets et le Roy. »

Il est vrai qu'à quelques pages plus loin, et comme correctif à ce portrait officiel, se voit un cadre supporté d'un côté par un singe grimaçant, de l'autre par un loup dévorant un agneau, lesquels symboles entourent l'image de l'Écossais.

J'essaierai de tenir la balance égale entre ces deux natures de représentations ; la parodie dans l'art ne peut être étudiée sainement qu'à la condition de regarder l'autre face du miroir, celle qui ne grossit ni ne déforme les événements ou les individus, et réfléchit leur image avec calme et exactitude.

Law, quoique dans sa jeunesse il se fût laissé

entraîner à une existence de plaisirs, n'était pas le premier venu. Il descendait de la célèbre maison écossaise des Argyle. Poussé par l'étude des problèmes financiers, il avait voyagé et, pendant un premier séjour en Hollande, en qualité de commis chez le résident anglais, il s'était rendu compte de près des mécanismes et des rouages de la banque d'Amsterdam.

Les brochures, les divers exposés de son système, font aujourd'hui partie des librairies consacrées à l'économie politique : ce n'est donc pas tout à fait un aventurier, on peut le regarder comme un économiste aventureux.

Parti de ce point que l'abondance du numéraire est la principale source de la prospérité des nations, Law, considérant que les monnaies n'ont qu'une valeur conventionnelle, y suppléait par le crédit, faisait racheter le numéraire par un vaste établissement de banque, émettait pour une valeur triple ou quadruple de billets et croyait augmenter ainsi, dans une égale proportion, la richesse publique ; mais l'erreur était de s'imaginer que l'augmentation du numéraire ou du papier-monnaie est une source de prospérité pour les nations. Le numéraire n'est qu'un équivalent servant à procurer toutes choses par voie d'échange ; si les objets ne se multiplient pas en même temps que les monnaies, les prix s'élèvent sans que la richesse s'accroisse.

Le parlement d'Écosse le comprit et refusa la mise

D'après une planche du
« Het groot tafereel der dwasheit. »

en pratique de cette utopie. Elle n'obtint pas plus de succès en Angleterre.

D'Argenson jugea l'homme dangereux ; le lieutenant de police flairait l'utopiste, et, quoique ce dernier menât grand train à Paris, il lui enjoignit de quitter la capitale.

Law parcourt alors l'Italie, l'Allemagne, l'Autriche, espérant trouver dans des embarras financiers quelques gouvernements qui lui permissent de mettre en pratique son système, jusque-là purement théorique. Il fut reçu par le duc de Savoie, Victor-Amédée, qui l'écouta et lui répondit, si on en croit un chroniqueur, d'un ton sarcastique : — « Monsieur, je ne suis pas assez riche pour me ruiner. »

Louis XIV n'avait pas voulu souscrire aux projets de Law, dont le principal tort, à ses yeux, était d'appartenir à la religion protestante. Ce fut pourtant à Louis XIV que la France dut d'en être réduite aux fâcheuses expérimentations de l'Écossais.

En montant sur le trône, le Régent constatait dans les finances une dette de deux milliards quatre cent douze millions. Cette dette représentait les hauts faits du « Siècle de Louis XIV ».

Law, ayant reparu après la mort du roi, sembla le seul homme qui pût débarrasser la France de cette dette. Pourtant le Comité des finances lui était hostile. Le Parlement rendait en 1718 un arrêt par lequel il défendait aux dépositaires de deniers publics de recevoir les billets de la banque générale ;

mais le *système* patronné par le Régent n'en devait pas moins triompher.

Law, nommé Contrôleur général des finances du royaume, obtint l'exil du chancelier d'Aguesseau, en même temps que l'exil à Pontoise d'un parlement raisonneur et rebelle à ses dangereuses illusions.

Ce fut alors que l'éruption éclata dans toute sa force. Les nations ont besoin, paraît-il, de ces petites véroles qui les abattent ou les relèvent. Ce fut une de ces maladies de trois mois qui, grâce à son intensité, sauva le malade.

Une des planches du *Tafereel der Dwasheit* invoque à juste titre le souvenir d'Érasme, du sage Érasme. C'est en effet l'image de l'auteur de l'*Eloge de la Folie* qui devrait être placée au frontispice d'un tel recueil.

Voltaire n'avait alors que vingt-six ans. Il eût été donné au conteur de l'histoire de *l'Homme aux quarante écus* de dire son mot sur la pluie d'actions qui transforma en Danaé chaque *actionniste*. Car tel fut le nom que nous avons eu le tort de changer depuis en celui plus raisonnable d'*actionnaire*, sans que le titre ait prémuni les gens contre les hausses et les baisses ruineuses provoquées par des opérateurs trop habiles en finances.

Au début, les actions de la banque de Law atteignirent quarante fois leur capital.

Cette roue de fortune, dont chaque tour a toujours amassé tant d'êtres crédules, tant d'êtres qui permettent à Mercure de plonger dans leur bourse et qui la ferment hermétiquement au malheur, devenait l'enseigne d'une loterie colossale aux bénéfices de laquelle tous, du plus petit au plus grand, semblaient appelés.

Le 28 janvier 1720 le cours forcé des billets fut proclamé. Des arrêtés sévères étaient rendus contre les particuliers qui conservaient chez eux plus de cinq cents livres d'espèces. Ces mesures révolutionnaires ne paraissent rien à côté de la défense de porter pour la toilette des diamants, des perles et des pierres précieuses.

Les utopistes, les réformateurs qui ne s'occupent pas de la femme sont naïfs. Qui sait si la femme, privée de ses moyens de parure, ne joua pas un grand rôle dans la chute de Law, et si elle ne précipita pas la débâcle du système ?

Ce fut en Hollande, pays de libres penseurs, de réfugiés, d'exilés par l'édit de Nantes, de gazetiers, qu'à défaut d'Érasme et de Voltaire, des dessinateurs de divers pays furent appelés pour peindre la déroute de Law. Rarement on vit un pareil déluge de caricatures. Non pas qu'elles brillent par la qualité. La quantité dominait.

Un grand nombre de crayons furent employés pour cette besogne ; mais s'il y en eut de français comme l'attestent quelques signatures, la majorité des dessinateurs étaient Hollandais, d'où en général la lourdeur du dessin, l'apathique répétition des mêmes motifs, la grossièreté de certaines scènes.

Quoi qu'il en soit, on assiste à une trombe de papiers, à une nuée d'actions qui obscurcit le ciel, presque aussi épaisse qu'une invasion de sauterelles dans les pays orientaux. L'ensemble de ces images représente assez bien l'incendie d'une maison de banque, les registres passant de main en main, les papiers voltigeant au-dessus des toits, les liasses de billets lancées par les fenêtres, et dans la rue les gens se ruant les uns sur les autres, levant les mains en l'air pour attraper quelques précieux chiffons à demi consumés.

Le décor prêtait encore au drame. Dans cette sale petite rue Quincampoix, que les hasards de l'édilité parisienne ont conservée, se tenait la Fortune. L'or entassé dans une ruelle boueuse. Des richesses incalculables au fond de taudis. La finance semblait, à cette époque, se plaire à de semblables contrastes ; elle aime les origines viles.

Éloignés du théâtre des événements, les Hollandais ne pouvaient en subir la dévorante attraction. Les poussées avides de la rue Quincampoix avaient peu d'action sur ces esprits flegmatiques, sur ces négociants qui ne deviennent entreprenants qu'après avoir longuement réfléchi. Sans doute les Néerlandais comprenaient la puissance de la richesse ; mais pour conquérir l'or, le commerce hollandais employait des bras, se servait de marins expérimentés

Fragment d'une gravure hollandaise du commencement du XVIIe siècle.

et ne se laissait pas troubler par les tours de roue vertigineux d'une loterie fallacieuse.

Mais je veux procéder méthodiquement, feuilleter le *Tafereel der Dwasheit* par ordre et donner une nomenclature des détails satiriques qui se pressent sous les burins des graveurs ; après quoi j'examinerai les quelques planches qui méritent une certaine attention.

Pour prologue qu'on s'imagine une série d'images sur les scènes actuelles de la Bourse ; la foule pressée, les êtres confiants jouant à la hausse, les incrédules à la baisse, l'agitation de toutes ces fourmis en face d'une valeur tentante, les remisiers ramassant les miettes qui s'échappent de la demande et de l'achat, les gros bonnets de la banque semant des nouvelles à sensation, fausses ou vraies suivant leurs intérêts, les gogos recueillant les paroles de ces gens bien informés, les commissaires-priseurs de ce temple, les agents de change s'agitant, hurlant, pour faire connaître le cours nouveau des actions ; enfin le public des galeries assourdi, troublé, ouvrant les yeux, tendant l'oreille et ne comprenant rien à ces gestes, à ce tumulte. Telle est à peu près l'idée que donnent du lancement du *système* les premières planches hollandaises.

L'épilogue est aussi nettement indiqué. Les agents de la compagnie de Law sont réunis autour d'une table sous une tente qui n'est autre qu'un immense bonnet de fou. Ainsi qu'il arrive souvent dans les caricatures, ce motif n'était pas neuf et avait déjà été employé aux seizième et dix-septième siècles en Hollande (1); mais il retrouvait son actualité dans les circonstances actuelles, et l'immense bonnet de fou caractérisait parfaitement et les inventeurs du système et ses nombreux sectateurs.

J'ai dit que certaines des pièces gravées du recueil hollandais étaient françaises; elles ne témoignent pas de la lucidité nationale habituelle. A prendre pour exemple la *Fortune des actions*, dessinée par Bernard Picart, on a affaire à l'allégorie à outrance, avec les mauvais côtés d'Hogarth, de Diderot et du xviiie siècle raisonneur. Si la planche est destinée à châtier les partisans de Law, la légende constitue un autre châtiment non prévu par l'éditeur, celui d'ennuyer mortellement ceux qui veulent avoir la clef du drame. La voici :

La FORTUNE DES ACTIONS sur son char conduit par la FOLIE, qui est assez reconnaissable par ses attributs ordinaires et par son ample jupe de baleine, qui est aussi une folie du temps. Ce char est tiré par les principales compagnies qui ont donné naissance à ce négoce pernicieux, comme le Mississipi avec une jambe de bois, le sud avec une jambe bandée et un emplâtre sur l'autre, la Banque d'Angleterre foulant aux pieds un serpent, la compagnie du West, celle d'Assurance et celle des Indes. Les Agents de ce commerce font tourner les roues du Char, ayant des queues de Renard pour marquer leur adresse et leurs ruses. On voit sur les rais les diverses Compagnies, tantôt hautes, tantôt basses, selon que tournent les roues; et le véritable Commerce ren-

---

1. Voir au Cabinet des estampes les portefeuilles de l'abbé de Marolles.

versé avec ses livres et ses marchandises est presque écrasé sous les roues du Char. Une grande foule de monde de tout état et de tout sexe court après la fortune pour attraper des Actions. Dans les nues est un Diable faisant des bouteilles de savon qui se mêlent aux billets que distribue la Fortune, à des bonnets de fous qui tombent en partage à quelques-uns et à des petits serpents qui marquent les insomnies, l'envie, le désespoir, etc. La Renommée vole devant, répandant partout cette Contagion. Le Char conduit ceux qui le suivent à l'une des trois portes que l'on voit, savoir : l'Hôpital des fous, des malades et des gueux. A gauche est un homme qui distribue le premier Projet de Compagnie pour Amsterdam, que la sage prévoyance des MAGISTRATS a supprimé. Ceux qui voudront se donner la peine d'examiner y découvriront plusieurs choses qu'on n'a pas cru devoir expliquer en détail, pour laisser aux curieux le plaisir d'avoir quelque chose à deviner. Cette FOLIE a pour devise deux Têtes, dont l'une jeune et riante marque le beau côté des Actions ; l'autre vieille et accablée de chagrins en marque la suite par la Sentence latine qui signifie : Le chagrin suit souvent une belle apparence.

J'avoue qu'à ce rabâchage allégorique et aux froides médiocrités des dessins de Bernard Picard, je préfère certaines planches hollandaises brutales et naïves qui conservent un reflet des compositions du vieux Breughel. (Voir page 257.) Non pas que ces images brillent par la délicatesse : ce sont des foules effarées, armées de fléaux, de gaufriers, de grands balais, de poêles à frire qu'elles brandissent contre les agents de Law. Les « actionnistes » malades vomissent des actions par toutes les voies ; des gens s'arrêtent près d'un mur pour y déposer les déjections de la rue Quincampoix. Des crottes d'or sont extirpées par des opérateurs de foire avec la brutalité qu'apportent les maîtres flamands à enlever une verrue ;

des gens, assis sur des chaises percées, méditent aux conséquences qui doivent résulter de cette station prolongée.

Je me suis souvent aperçu, au cours de ces études sur l'art satirique, combien l'invention était médiocre chez ceux qui font profession de raillerie. Si on excepte quelques hommes de génie : Breughel, Hogarth, Goya, Daumier, qui apportent une griffe puissante, combien d'ouvriers taquins, envieux, sifflant quand même tout ce qui est grand, tout penseur à la tête d'une idée nouvelle.

A ces roquets souvent à court de motifs satiriques, il est bon d'indiquer les principaux détails qu'employèrent les graveurs hollandais pour symboliser l'entreprise de Law. Ils trouveront ici une sorte d'anatomie de la Fortune, de ses conséquences, et je ne doute pas qu'ils ne puissent trouver quelques rouages à ajouter à leur horlogerie lorsqu'ils auront à traiter la grandeur et la décadence d'une entreprise financière quelconque.

Voici donc les principaux motifs employés par les Hollandais pour caractériser le *système* :

Les ailes de moulins tournant à tous les vents ;

Les singes malfaisants qui soufflent des bulles de savon ou qui jouent des actions aux dés ou aux cartes ;

Les grenouilles se gonflant pour devenir aussi grosses que le bœuf ;

Les rats qui rongent les actions dans les coffres ;

L'ILE DES FOUS.

Détail d'une planche du « *Het groot tafereel der dwasheit.* »

La roue de la Fortune qui élève quelques gens et en écrase un grand nombre d'autres ;

La roue de Fortune.
Détail d'une planche du « *Het groot tafereel der Dwasheit.* »

Les foules immenses aux bras tendus pour recueillir cette pluie d'actions ;
Les diables ensemençant la rue Quincampoix de leurs graines désastreuses ;
Conférences de Jupiter et de Mercure, char de phaëton renversé ;
Le veau d'or ;
Lanterne magique à travers les verres de laquelle se déroulent les événements ;

Mortiers auxquels des commis mettent le feu et qui lancent des actions ;

Drame de l'argent joué sur un théâtre par des masques ;

La folie conduisant le carrosse de charlatans où se distribuent des bulles de savon ;

Personnages se soutenant dans les airs à l'aide de vessies ;

Globe de l'Europe incendié par la torche ou percé au cœur par le poignard de Law ;

Nombreuses facéties scatologiques ;

Grandeur et décadence du système, suivi de son convoi ;

Arcs commémoratifs dressés sur le passage du convoi des actionnistes consumés ;

Agents de Law, qui extraient de lourdes bourses des poches de moribonds.

Gens en guenilles s'en retournant avec leurs actions à la main ;

Femmes en chemise dépouillées de leurs actions, personnages s'arrachant les cheveux, ou se précipitant du haut des rochers dans la mer.

Une partie de ces attributs servit plus tard, lors du lancement des assignats, et par conséquent sont connus et visiblement usés ; mais il existe un petit livre, l'*Art d'accommoder les restes*, qui n'a pas seulement son utilité culinaire ; les caricaturistes l'emploient fréquemment, et il est d'autant plus utile à signaler que les inventeurs sont rares.

S'il est beaucoup de planches banales dans le *Het groot Tafereel*, quelques-unes, où l'idée se fait jour à défaut d'exécution, sont ingénieuses; ainsi celle qui a pour titre : *Le génie d'Érasme quittant la ville où il naquit pour aller voir les trois villes non actionnées de Hollande.*

Une autre image, à laquelle l'émule de Lucien eût applaudi, a bien pris naissance dans l'esprit d'un peuple navigateur.

Entourée d'eau, une île apparaît, inconnue, qui n'a encore été signalée par aucun navigateur : c'est l'île de Law. (Voir page 263). Elle a la forme d'un bonnet de fou. N'est-ce pas là de l'esprit hollandais, du meilleur et du plus ingénieux ?

## CHAPITRE XX

### LES JÉSUITES

Deux choses frappent les hommes : la vie de luttes sans cesse renaissantes, le mystère dont s'enveloppe le combattant. Quand à la Réforme ardente et en plein jour succéda un corps insaisissable et dont chaque pas se faisait dans l'ombre, on n'y prit pas garde tout d'abord. Toutefois l'esprit gallican veillait, qui s'aperçut que la papauté avait trouvé en face d'elle un Loyola, adversaire peut-être plus dangereux que Calvin. Un « pape noir » se dressait en face du « pape blanc » et, comme pour Satan, tous les moyens semblaient bons au pape noir.

Accusés d'insuffler leur fanatisme aux fanatiques, d'employer la flamme et le feu contre les rois et les gouvernants, poursuivis par les parlements, les Jésuites traqués, exilés, n'en recrutaient pas moins de nombreux adhérents, se paraient de leur déchéance et reparaissaient plus forts à l'issue de chaque lutte.

L'Église les craignait et ne les regardait qu'avec terreur. Ils semblaient ruinés ; ils achetaient des biens considérables à l'aide de précautions qui devaient empêcher de les leur enlever. Chassés d'état en état, ils avaient l'audace de s'implanter de nouveau dans le pays même qu'avait éclairé Voltaire et peu à peu s'insinuant au cœur d'une nation sceptique entre toutes, les Jésuites semblaient témoigner par là qu'un terrain ras de croyances est encore celui sur lequel il y a plus de chances d'édifier.

J'entrevois le jésuite comme un saint Martin d'une essence particulière qui coupe un pan de sa robe et la divise pour la partager avec les laïques de nature faible ou corrompue. Quand le jésuite s'empare de l'esprit de la femme, de l'éducation de l'enfant et qu'il pétrit l'un et l'autre suivant ses vues, quand possédant la confiance féminine, plus sentimentale que raisonnable, il dit : — Tes enfants seront riches, honorés, je me charge de leur établissement, de leur avenir, ne leur demandant que de reconnaître un jour qu'il suffit d'une robe courte pour réussir dans le monde, on comprend la force du jésuite et il est permis de le comparer à Satan transportant l'homme sur la montagne et lui étalant la vie luxueuse des villes et les moyens d'y faire figure.

C'est pourquoi les grands politiques, les écrivains solitaires qui voient plus avant que les autres, les hommes pénétrés du rôle de l'Église, les philosophes, les magistrats intègres se tournèrent contre cette puissance occulte appelée à séduire trop facilement les esprits faibles, et c'est ainsi que la légende noire, redescendant vers le peuple qui voit clair à l'heure voulue et dont le jugement droit et sain dans sa simplicité triomphe de l'argutie des docteurs, donna naissance à tant de drames, de romans, de pamphlets et d'images satiriques.

Chacun sentait que le fonds des *Monita Secreta* est plein de traquenards pour la volonté, qu'ils commandent l'abdication de la raison, l'étranglement de la pensée, le suicide de la conscience, la mort violente du *moi* et que l'homme, devenu *perinde ac cadaver* de par Loyola, peut se livrer aux actes les plus fanatiques sans s'en regarder comme responsable.

« Si votre supérieur vous dit que le noir est blanc, il faut le croire de préférence à vous-même », recommande le fondateur de l'ordre des Jésuites.

Mais la conscience populaire se révolta d'être ainsi pétrie, de voir que le bras n'obéissait plus au cerveau, que la main se séchait sous la volonté d'un homme en robe noire. La discipline est utile, non pas toutefois la discipline qui conduit à s'enivrer d'un hatchich de sacristie et à marcher dans les rangs d'une noire armée, sinistre comme les bandes

## INSTRUCTEUR DES ACTEURS
### DU TOMBEAU DE M. DE PARIS

FAC-SIMILE
d'une vignette des *Quakres françois ou les Nouveaux Trembleurs*, comédie.
Utrecht, 1732.

d'oiseaux de proie à la suite d'une bataille sanglante.

Expliquez-vous maintenant le peuple, dans ses mouvements de fièvre, se faisant justicier sans se rendre compte que le châtiment qui ne vient point à son heure exalte ceux qu'il s'agit de vaincre.

Un jésuite, le père Alfred Hamy, a publié une Bibliographie des images relatives à l'ordre du Gesu (1). La fondation de Loyola n'a guère plus de deux siècles ; on formerait de toutes les estampes pour ou contre la Compagnie une bibliothèque considérable et en ce sens le travail du père Hamy est loin d'être complet. Je n'entreprendrai pas de le compléter tant ces querelles sont sombres, exaltées et violentes. Elles tiennent pourtant une certaine place dans l'histoire de la Caricature ; mais la nature du sujet en a éloigné tout esprit, tout piquant.

Ce n'est plus la guerre de la Réforme et de la gent monacale : l'élément gras, source de comique, en est absent. Des maigreurs ascétiques, des bonnets carrés, de longs corps flottant sous des robes noires, des fanatiques plongeant leurs poignards dans le cœur des princes ou brûlant avec leurs torches tout écrit entaché de libre pensée, des chaînes attachées aux quatre membres des peuples, tout cela est lugubre et ne laisse à l'esprit que de sinistres visions,

---

1. Essai sur l'*iconographie de la Compagnie de Jésus*. Paris, Rapilly, 1875, in 8º.

aussi ne saisit-on pas toujours le sens de ces images qui, exécutées par des graveurs hollandais ou allemands, manquent de clarté et de légèreté.

Je crois exprimer un sentiment général en disant que la caricature religieuse de la fin du XVIIe siècle est désagréable aussi bien par le fonds que par la

Ad quorum Effigies, non solum Mejere fas est.
D'après une estampe du XVIIe siècle.

forme; les éléments qu'elle emploie appartiennent bien plus au domaine de la controverse que du comique. Dépassant le but, elle se montre plus encore calomniatrice qu'injurieuse, renverse ce qu'on était habitué à respecter, même fût-on sceptique, et ce ne sont pas des profanes qui emploient ces moyens, mais bien des fanatiques enveloppés dans leurs robes noires.

On peut passer aux réformés la rudesse de leurs

attaques, la grossièreté de leurs injures. Ces raisonneurs germaniques, qui se révoltent contre la papauté, sont brutaux mais joyeux ; quand les Jésuites prennent à corps les Jansénistes, on assiste à une sombre mêlée espagnole et inquisitoriale, où les combattants haineux et passionnés n'apparaissent qu'avec des poignards dans les manches et le feu des bûchers dans le regard.

Il n'y a pas un gras parmi les sectaires de Molina et d'Ignace de Loyola ; ils sont tous bilieux, visionnaires, d'autant plus ardents à l'attaque, et du fond de leur confessionnal prêts à scalper la conscience et au besoin la tête de leurs adversaires. Pleins d'orgueil sous une humilité affectée, ils veulent gouverner le monde et poignardent, quand il en est besoin, les rois et les puissants pour les besoins de leur cause. C'est pourquoi le mot *jésuite* est resté sinistre dans la société moderne ; après avoir marché maintes fois sur le serpent, elle craint que la bête, dans son agonie, ne la pique au talon.

J'ai souvent feuilleté des volumes de caricatures religieuses à diverses époques de ma vie : l'impression est restée la même ; tout cet attirail symbolique de châtiments, ce magasin de pieux accessoires, bon pour troubler les nuits de vieilles bigotes, est pénible et fait pitié aux esprits indépendants : au sortir de là on a besoin de prendre un bain dans les eaux claires de Voltaire.

Je voudrais ne pas me laisser aller et me prononcer légèrement sur des croyances dont quelques-unes appellent le respect ; mais les Jésuites ont tout gâté. Vous ne les verrez pas prendre les principes de haut, ouvrir des horizons sur l'infini, appeler l'attention sur les mystères de la nature, pousser même à ce recueillement du sauvage qui adore le soleil ; ils réclament la foi et leurs misérables querelles sont de boutique, leurs injures viennent du ruisseau, leurs calomnies sont ramassées dans la fange.

Ce n'est pas à dire que dans ces querelles des Jésuites et des Jansénistes je sois mieux disposé pour le diacre Pâris et les jongleries qui se produisirent après sa mort sur son tombeau. L'incrédulité du xviiie siècle fait un dernier appel à la crédulité humaine : des aventuriers comme Cagliostro et Mesmer prétendent évoquer des miracles ; mais si la science d'alors ne repoussa pas absolument la révélation de certains phénomènes magnétiques, les mesures rigoureuse de police prises contre les scandales du cimetière Saint-Médard montrent qu'on voulait en terminer avec le baquet mesmérien qui troublait les nerfs des femmes de la cour, et déterminait les convulsions hystériques des dévotes de la ville sous le coup des persécutions infligées par les Jésuites au diacre Pâris.

Au collége Louis-le-Grand dirigé par les Jésuites, pendant les représentations données par les élèves, on faisait circuler dans la salle des comédies composées par les révérends pères contre les Jansénistes.

*La banqueroute des marchands de miracles*, du père Danton, est une pièce satirique contre les miracles du cimetière Saint-Médard. Ces petites guerres n'auraient qu'une mince importance si les Jésuites, en appelant l'art dramatique à leur défense, n'avaient employé d'une peu édifiante façon les termes consacrés par la religion.

Étonnez-vous ensuite des caricatures licencieuses à l'aide desquelles les Jansénistes répondent à leurs adversaires. Vous y verrez un Jésuite baisant le derrière du roi et le mordant dans une pièce qui fait pendant.

Dans une autre un Jésuite repousse une femme qui paraît vouloir s'introduire dans sa chambre, et, par la porte entre-bâillée, on voit dans le lit du religieux un jeune garçon tenant à la main le livre du P. Pétau.

Telles étaient les aménités de la caricature religieuse, non plus lancée par le Chœur antique qu'on appelle le peuple, mais mise en œuvre par des hommes qui, prétendant avoir une pieuse mission à exercer, se déconsidèrent eux-mêmes et s'étonnent un jour de l'incrédulité semée par eux à pleines mains.

## CHAPITRE XX

### VOLTAIRE ET FRÉRON

Qu'il est amusant Voltaire avec les faiseurs de portraits de son temps! Ce sont tous des caricaturistes, des gens envoyés par ses adversaires pour le rendre la risée de l'Europe; les peintres qu'on lui envoie sont soudoyés par ses ennemis. A entendre ces récriminations on sourit et on se dit combien la véritable philosophie manque aux plus grands philosophes.

Vers 1774, Denon, qui se plaisait dans la fréquentation des célèbres écrivains ses contemporains, avait passé quelques semaines à Ferney, et il rapporta de son pélerinage une série de croquis d'après Voltaire ainsi que diverses scènes d'intérieur. Plus tard, Denon ayant fait graver ces croquis, l'un représentant Voltaire en coiffe de nuit et en robe de chambre, l'autre le déjeuner du matin du vieux poète dans son lit, une correspondance des plus divertissantes fut échangée entre le dessinateur et Voltaire qui ne savait pas dissimuler son irritation :

A Ferney, le 20 décembre 1775.

A M. Denon.

De ce plaisant Callot vous avez le crayon ;
Vos vers sont enchanteurs, mais vos dessins burlesques ;
    Dans votre salle d'Apollon
    Pourquoi peignez-vous des grotesques?

Si je pouvais, monsieur, mêler des plaintes aux remerciements que je vous dois, je vous supplierais très instamment de ne point laisser courir cette estampe dans le public. Je ne sais pourquoi vous m'avez dessiné en singe estropié, avec une tête penchée et une épaule quatre fois plus haute que l'autre. Fréron et Clément s'égayeront trop sur cette caricature.

Denon proteste de l'enthousiasme qui lui a mis le crayon en main pour représenter l'homme tel qu'il l'avait vu, c'est-à-dire en robe de chambre et en coiffe de nuit. Voltaire trouve que cette coiffe manque de rayons ; le nœud de rubans qu'attache à ce bonnet de nuit sa nièce, M$^{me}$ Denis, n'a rien de commun avec une couronne de laurier.

De sa fréquentation avec la Muse tragique le poète avait conservé un certain amour d'apparat à la Louis XIV qui détestait les peintres flamands ; l'auteur de *Zaïre* craignait lui-même d'être traité en « magot. »

Dans une autre lettre à Denon, Voltaire feignant de se rendre aux raisons du peintre, ajoute : « Je suis bien loin, monsieur, de croire que vous avez voulu faire une caricature dans le genre des plaisanteries de M. Hubert. »

D'après un croquis d'Hubert.

Ce dessinateur irritait davantage encore l'auteur de *Zaïre*.

Puisque vous avez vu M. Hubert, écrit en 1762 Voltaire à M$^{me}$ du Deffand, il fera votre portrait : il vous peindra au pastel, à l'huile, en *mezzo-tinto* ; il vous dessinera sur une carte avec des ciseaux, le tout en caricature. C'est ainsi qu'il m'a rendu ridicule d'un bout de l'Europe à l'autre. Mon ami Fréron ne me caractérise pas mieux, pour réjouir ceux qui achètent ses feuilles.

Il est certain que Hubert mettait une certaine malice dans ses dessins. Admis au château de Ferney à titre de découpeur d'images, il put observer Voltaire sous toutes ses faces et dans ses humeurs si variables. Nul plus que lui ne possédait son Voltaire à fond. Doué d'une prodigieuse adresse, Hubert découpait ses silhouettes les mains derrière le dos; même, si on en croit la légende, avec un morceau de pain coupé que mangeait dans sa main un chien, le dessinateur, en posant le doigt sur certains endroits réservés, obtenait encore une silhouette de Voltaire.

De ces croquis résulta une planche à l'eau-forte,

D'après Hubert.

datée de 1776, avec ce titre : *Différents airs en 30 têtes de M. de Voltaire calquées sur les tableaux de M. Hubert.*

Qui verra une bonne épreuve de cette estampe, avant son remaniement et ses modifications par divers graveurs, pourra se vanter de connaître le vieux Voltaire pensant à sa gloire et à sa digestion, aiguisant quelque épigramme contre les folliculaires, se levant maussade et déterminé à ne plus quitter sa coiffe de nuit, ou faisant donner un coup de fer à sa perruque pour redevenir un parfait courtisan.

On a là des détails bien accentués de menton et de lèvre inférieure s'emboîtant sur la lèvre supérieure par suite de la perte des dents du grand homme : les yeux sont rendus avec leur malice, leur vitalité qui dura jusqu'au dernier jour, par un

Voltaire jouant la tragédie.
D'après Hubert.

dessinateur qui n'a pas laissé un grand renom, mais qui n'en était pas moins doué d'une vive pénétration.

De petites légendes gravées par Hubert en face de certains de ces croquis, je cite celle intitulée : *charge qui ressemble*, pour bien faire comprendre que l'homme outrait parfois certaines lignes du masque de son modèle afin d'arriver à leur parfaite exactitude.

Voltaire n'aimait pas qu'on l'envisageât avec tant de liberté : la moindre raillerie à son endroit, il la tenait pour un de ces produits dangereux dont il se réservait exclusivement le monopole. Ce fut la faiblesse de ce grand esprit; mais est-il un grand esprit sans faiblesse?

La caricature personnelle, il est vrai, n'était pas entrée dans les mœurs; quelques ripostes de peintres contre les critiques qui n'avaient pas suffisamment louangé leurs produits étaient innocentes. On ne s'imaginait pas au XVIII<sup>e</sup> siècle que la charge de la figure

Voltaire en bonnet du matin,
D'après Hubert.

d'un homme fût un honneur, et que ce serait cent ans plus tard, un signe de célébrité que d'être représenté disgracieux aux vitrines des marchands de journaux.

Voltaire n'avait pas prévu ce cas : il préférait être modelé en bronze plutôt qu'en marron, en marbre plutôt qu'en chocolat; il se trompa, car n'est-ce pas la marque la plus complète de la réputation que d'avoir son image pétrie en chocolat ou sa figure taillée dans la chair d'un marron?

Fréron, qui revient fréquemment sous la plume de Voltaire, fut un peu caricaturé, mais sans cette aigreur que craignait le poète.

Je voudrais dire quelques mots de Fréron : il est un des types de toute une classe d'hommes des derniers échelons qui jouent quelquefois en parfaits comédiens un rôle longuement étudié.

Voltaire, Jean-Jacques, Diderot, d'Alembert, autant d'astres brillants qui, au xviii$^e$ siècle, ne permettaient guère à de faibles étoiles de briller à côté d'eux. Jeté dans les lettres, Fréron comprit l'impossibilité de se faire une réputation philosophique à côté de ces esprits éminents ; il reconnaissait l'élévation du monument intellectuel bâti par Voltaire, c'est pourquoi volontairement Fréron s'en fit l'ombre. L'ombre n'a pas sa raison d'être en plein soleil ; elle marque sa place à de certaines heures. Fréron guetta le déclin du poète. Peut-être songea-t-il également que le lierre commence à ramper près d'une tour, grimpe lentement, cherche une crevasse, disjoint les pierres et finit par renverser le monument. Il ne faut pas de vastes connaissances en histoire naturelle pour remarquer que la larve ayant déposé ses œufs dans la fissure d'un arbre, l'arbre dépérit sûrement.

Fréron se fit ombre, lierre, larve, parasite logé dans la peau de Voltaire et il y est resté. Étudiez

D'après une vignette de 1761.

Voltaire sous toutes ses faces, vous trouvez Fréron acarus. Ce fut la maladie du génie le plus brillant du xviiie siècle : il ne put se débarrasser de l'animalcule vivant aux dépens de sa pensée.

Fréron se dit bien qu'en sa qualité d'acarus il serait hué et sifflé ; il préféra les huées et les sifflets à rien. En s'exposant à beaucoup de rancunes, le critique savait qu'il aurait de son côté le troupeau de médiocrités que blesse un grand esprit par son rayonnement. Chaque ennemi de Voltaire renforçait les rangs de la bande de Fréron ; un insuccès du poète dramatique augmentait de quelques abonnés les feuilles d'abonnement de l'*Année littéraire ;* une persécution contre l'auteur de *Candide* provoquait un éclat de rire amer chez Fréron ; un ordre d'exil, qui enjoignait à Voltaire de quitter Paris dans les vingt-quatre heures, faisait serrer la main des policiers par le contempteur de l'homme de génie.

Ils étaient troublants ces encyclopédistes qui, avec leur plume, renversaient tant d'abus. Fréron se garda bien d'apporter son concours à ces utiles démolitions, et comme il ne faisait jouer ni tragédies ni comédies philosophiques, qu'il ne s'exposait pas en public avec des contes audacieux, qu'il ne défendait ni Calas ni La Barre, qu'il n'apportait pas d'opinions subversives, qu'il se gardait de soulever les mystères de la création, il resta un valet de lettres vivant largement de son métier.

Quelques esprits taquins entreprirent d'égratigner l'homme :

> L'autre jour, au fond d'un vallon,
> Un serpent piqua Jean Fréron,
> — Que pensiez-vous qu'il arriva ?
> Ce fut le serpent qui creva.

Il n'est pas donné à tout le monde d'être traité de serpent venimeux. Laissez les Veuillot au fond de leur bénitier ; ne détournez pas la tête en passant, ne prononcez jamais leur nom, n'engagez pas de polémique avec eux ; qui sera attrapé, sinon les Veuillot ?

Une caricature du temps représente Fréron en âne brayant en face d'une lyre pendue aux branches d'un laurier. Trop d'honneur en vérité que de constater les ruades du critique.

Combien est préférable à cette aménité littéraire une vignette du temps. Elle est une des plus jolies et des plus piquantes dans cette collection de frontispices à laquelle contribua le burin de tant de dessinateurs ingénieux. La Renommée lance dans les airs, d'une voix claire, à travers l'embouchure de sa trompette les noms de Voltaire, de Gresset, de Piron : voilà les noms qui planent en compagnie de ceux de Racine et de Buffon. La Renommée ne s'est pas trompée ; mais il ne lui suffit pas de parler de si haut ; elle embouche une seconde trompette plus bas, dans une parti beaucoup moins noble et, du pavillon de l'instrument, sortent les noms qui sentent mauvais de chroniqueurs et de pamphlétaires, les Baculard, les Chevrier, les Fréron.

Le double manège d'instruments est rendu avec esprit par le dessinateur qui s'est inspiré de la *Pucelle* de Voltaire pour cette gaie plaisanterie :

> La Renommée a toujours deux trompettes :
> L'une, à sa bouche appliquée à propos,
> Va célébrant les exploits des héros;
> L'autre est au c.., puisqu'il faut vous le dire;
> C'est celle-là qui sert à nous instruire
> De ce fatras de volumes nouveaux...

Nous aurions bien besoin actuellement que cette Renommée reparût avec ses deux trompettes; l'une sonnerait la gloire des maîtres qui nous ont précédés : Balzac, Hugo, Musset; des gaz, qu'il est prudent de ne pas qualifier, s'échappant des descriptions de la *Fille Elisa* et de l'*Assommoir*, éclateraient dans l'embouchure du bas et s'enfonceraient piteusement dans la fosse aux « documents humains » avec la gloire, la modestie, la délicatesse de langage et l'esthétique raffinée de « l'éminent » monsieur Zola.

# CHAPITRE XXII

## LES SCIENCES ET LES ARTS

Ce ne fut guère qu'au milieu du XVIIIe siècle que la vulgarisation des arts se répandit dans la nation et fit comprendre la portée de recherches archéologiques d'un grand intérêt. Pompéï avait soulevé le couvercle de son tombeau de laves; l'antiquité, pour la première fois, livrait les secrets de sa vie privée, de ses mœurs intimes, de ses décors. Tous les yeux se tournèrent vers ce coin de terre révélateur et, ainsi qu'il arrive fréquemment, Athènes et Rome, mis à la mode, firent entrer dans l'art un courant très particulier d'ornementation. Tout devint « à la grecque » : architecture, peinture, ornementation, et un dessinateur, pour rendre cette irruption d'un art si peu en rapport avec les tendances de l'époque, fit paraître, en 1770, sous le titre d'*Habillements à la grecque*, une série de personnages : le petit-maître, l'homme et

L'ARCHITECTE A LA GRECQUE

D'après une eau-forte de 1770.

la femme de qualité, le médecin, l'abbé, le paysan, la servante, dont le spécimen ci-contre, se rapportant à l'architecte, donne une idée suffisante.

Le même ordre d'idées artistiques fit prendre pied aux peintres. L'ouverture des Expositions annuelles leur donna une certaine importance. Un ardent écrivain, qui projetait sa torche en tous lieux et qui entendait résumer les sciences et les arts de son siècle, Diderot dépensa énormément d'encre à analyser les productions des peintres ses contemporains. La *Correspondance* dite de Grimm ne paraissait pas publiquement ; mais les peintres savaient qu'elle était adressée à un prince étranger, qu'elle avait sa portée et qu'on s'occupait au dehors des productions des Salons, grâce à Diderot.

Le philosophe n'était pas seul. A sa suite venait un groupe de critiques d'art qui publiaient leurs réflexions, leurs observations dans les *Mercure* du temps ou sous forme de petits opuscules pédants, spirituels, graves et facétieux ; jusqu'aux petits abbés s'en mêlaient et tenaient à se montrer « fins connaisseurs » en peinture.

Suivant la nature de ces écrits, les peintres regimbaient. Ce sont pour la plupart de gros avaleurs de compliments : on peut leur en servir une fournée complète, ils n'auront pas d'indigestions. Qu'on vienne à les critiquer tant soit peu, leur physionomie change ; ils prennent des tons verts et mettraient volontiers à la porte de leur atelier, s'ils l'osaient, le fâcheux qui se permet de leur donner un conseil.

Le dessinateur Cochin en fournit la preuve. Un écrivain, Lafont de Saint-Yenne, assez oublié aujourd'hui, mais qui témoigna d'un certain goût à propos des embellissements de Paris, n'avait pas témoigné assez d'admiration pour Cochin. Voilà notre homme qui prend la mouche, crie, s'emporte, se raisonne et décide qu'il répondra au critique trop tiède. C'était une sorte de savantasse que ce Cochin. Pour prouver son érudition il accoucha, en 1763, d'un petit volume dont la confection avait dû lui donner bien du mal rien que par son titre : *Les Misotechnites aux enfers.* Les détracteurs de Cochin, dans l'idée du dessinateur, étaient condamnés à passer un mauvais quart-d'heure ; il ne recula pas devant les surnoms les plus terribles. Lafont de Saint-Yenne est appelé *Ardelion*, et un autre critique, Cochin le désigna sous l'appellation de *Phylakei*. Hélas ! l'opuscule du critique de ses critiques serait tout à fait enveloppé des épaisses toiles d'araignée de l'oubli, s'il n'était orné de petites vignettes plus agréables à regarder que le texte.

Dans ces images on voit un mur s'élever entre le critique et la lumière ; une autre montre un critique d'art les yeux bandés, un binocle devant l'oreille. C'est encore les yeux recouverts par la main d'une figure mythologique lui soufflant ses avis que l'écrivain, représenté dans la vignette ci-contre, fait connaître ses jugements. Petites rancunes dessinées d'autant plus piquantes qu'elles sont isolées du texte prétentieux des *Misotechnites aux enfers*.

Fac-similé d'une vignette de Cochin.

Un jeune écrivain a pris ce sujet en main et en a donné une monographie qui a son intérêt [1], présentée avec la réserve que motive un sujet de si mince importance. Chose singulière, les peintres qui ne manquent pas d'esprit en font médiocrement preuve quand ils tiennent un crayon satirique. La suprême injure qu'ils lancent à leurs adversaires est de les peindre en ânes. Peu d'estampes satiriques relatives aux arts où des troupeaux de baudets ne caractérisent les critiques. Employée avec discrétion, cette invective peut trouver sa place. Luther et bien d'autres auparavant s'en sont servi; mais revenant sans cesse elle manque son effet.

1. Arnauldet, *Estampes satiriques relatives à l'art et aux artistes français pendant les XVII<sup>e</sup> et XVIII<sup>e</sup> siècles*. Paris, 1855, In-8°. Extrait de la Gazette des Beaux-Arts.

Le comte de Caylus, cet humoriste un peu quinteux, qui ne dédaignait pas de se reposer de ses travaux d'antiquaire par des croquis gravés, avec un certain esprit, passe pour être l'auteur d'une caricature relative au même Lafont de Saint-Yenne maltraité par Cochin; mais ce n'est qu'une malice. Pendant que l'enthousiaste étudie aux Halles les bas-reliefs de la fontaine des Innocents, un chien sans égards outrage les murs du monument qu'il prend pour une borne.

Dans une autre estampe, moins bien venue d'ailleurs, l'*Assemblée des brocanteurs*, un jury d'ânes examine à la loupe une toile dans l'atelier d'un peintre et agite des encensoirs pour la plus grande gloire du maître. L'un de ces « connaisseurs » considère gravement une feuille de papier blanc; d'autres jugent un tableau qu'un élève facétieux leur présente à l'envers, du côté du chassis [1].

Le thème a été souvent repris depuis, à propos des jurys et des critiques; mais tout cela est bien léger. Le mouvement philosophique, le scepticisme politique et religieux, la guerre d'Amérique, les discussions entre les Glückistes et les Piccinistes, les dé-

---

1. Une épreuve de *l'Assemblée des brocanteurs* du Cabinet des estampes, porte l'annotation manuscrite : « *Cette estampe a été gravée en 1727 par M. le comte de Caylus pour donner un ridicule aux brocanteurs et aux mauvais connaisseurs de Paris, dont il y en a qui regardent comme tableaux d'Italie tous ceux qui sont peints sur la toile qui se fait en ce pays là.* »

couvertes dans les sciences physiques, les travaux de Lavoisier, de Monge et de Parmentier, l'invention des aérostats, l'arrivée à Paris de Franklin, le premier Sage de l'Amérique, étaient de graves événements bien autrement importants que ces querelles enfantines de peintres et de critiques.

Elle semble pleine jusqu'aux bords la cuve à idées de la seconde moitié du XVIII siècle. Il faut peu de chose pour la faire déborder et répandre son liquide en ébullition sur l'Europe. Et pourtant apparait avec un nouvel agent qui doit y trouver place, un Allemand grand charlatan, Mesmer, importateur après beaucoup d'autres, de travaux relatifs à l'influence des corps célestes sur le système nerveux.

L'homme jugeait peut-être qu'un contre-poids de science factice était nécessaire aux découvertes des Lavoisier et des Monge et il se présentait sur le théâtre parisien avec l'assurance germanique, ne craignant pas de se rencontrer sur un même terrain avec le célèbre économiste, l'illustre physicien, l'esprit grave, qui arrivait d'Amérique, portant le costume bourgeois que devaient revêtir les députés du Tiers-Etat.

Mais Mesmer devait avoir pour lui les êtres sensitifs de la [nation. Qu'on pense : *Influence des corps célestes sur le système nerveux*. Quelle jolie attrape féminine! Les femmes ont toujours besoin de croire à l'inconnu, au mystère. Elles se laissèrent prendre à Mesmer : sous la Régence les hommes s'étaient bien laissé prendre à Law. Les deux nouveaux venus étaient étrangers tous deux ; une grande qualité. Ils avaient l'art de faire parler d'eux : tous deux remuaient des montagnes d'argent.

Après l'exposé des doctrines magnétiques, le baron de Breteuil n'avait-il pas offert à Mesmer, au nom du roi, vingt mille livres de rente, plus dix mille livres de traitement annuel, à condition d'établir une clinique et de former à la pratique de ses procédés, trois savants nommés par le gouvernement? L'Allemand était parti, faisant mine de bouder la nation qui lui offrait une si chétive récompense. Il revint bientôt, il est vrai, rappelé par des enthousiastes, Bergasse, d'Epreménil, le marquis de Lafayette qui, pleins d'illusions, avaient formé un groupe d'adhérents souscripteurs, en faveur de Mesmer, de trois cent quarante mille livres comptant.

Les appareils, le décor, la mise en scène de l'Allemand valaient bien cet enthousiasme.

Dans une salle apparaissait une cuve d'où partaient de nombreuses cordes et tiges de fer flexibles, disposées de manière à pouvoir être dirigées en tous sens. Les sujets névralgiques se rangeaient autour de cette cuve qu'on appela le baquet mesmérien. Une corde plongeant dans la cuve était passée autour du corps des malades ; femmes et hommes prenaient à la main une tige de fer pour l'appliquer sur la partie souffrante, sur le siège de leurs vapeurs. Ils formaient la chaîne pendant qu'un orchestre mystérieux faisait entendre des airs de Glück.

C'est la scène que représente la petite vignette satirique ci-contre détachée d'une brochure du temps. Se balançant sur la corde d'un aérostat, une folie agite des grelots au-dessus de l'assemblée, qui réunit des moines et des gens d'épée, des grands seigneurs, des femmes de la cour et de la ville.

La satire était douce pour cette invention d'un charlatan. Mesmer mourut pauvre et obscur, châtié comme le sont heureusement tous les grands dépenseurs d'argent, tous les dupeurs qui abusent de la crédulité publique.

## CHAPITRE XXIII

### LES COIFFURES DE FEMMES

Après Voltaire ce qui occupa le plus les Parisiens fut la coiffure des femmes. On écrirait sur cette matière un volume comme d'autres en ont écrit sur les perruques; une plume légère, de celles qui ont fait l'*Eloge de rien*, en tirerait quelques chapitres piquants, et le débit de l'ouvrage serait considérable s'il était possible aujourd'hui de le mettre en vente, comme jadis, « chez la petite Lolo, à l'enseigne de la Frivolité. »

Tout se trouve dans ces coiffures féminines, depuis la galanterie jusqu'au patriotisme; c'est une sorte de tiroir de toilette où les rubans, la boîte à mouches, le billet doux, le pot à fard sont mêlés au roman du jour et au *Compte rendu* de M. Necker.

La Parisienne a été de tout temps pleine d'imagination et d'écarts ; insaisissable dans ses caprices, elle se donne aujourd'hui des envergures de cloche d'église avec des robes à panier assez amples pour y cacher deux galants ; le lendemain, la femme se transforme en parapluie fermé. Ou elle se meurtrit la poitrine dans des cuirasses et s'engonce le cou dans l'empois de hautes collerettes. Un vent de fantaisie vient-il à souffler : la voilà quasi nue sous des voiles transparents à la grecque.

La coiffure des femmes, déjà solennelle pendant le règne de Louis XIV, était devenue austère sous la Maintenon. Ce fut sous Louis XV et Louis XVI un accommodement de tête beaucoup plus hardi, qui dégageait le front et, grâce à la poudre, donnait du piquant aux physionomies des femmes de la cour et de la ville. Puis, tout à coup, la coiffure se corse ; d'habiles coiffeurs la bourrent, la soufflent, y introduisent de petits miroirs, des plumes, creusent des vallons au bas de cette colline pileuse et en agissent avec la chevelure à la manière des architectes des jardins anglais.

Comme un propriétaire qui, pour tirer un parti fructueux de son immeuble, y ajoute une aile, une tourelle, surhausse sa maison pour y empiler des locataires jusque dans les mansardes, la femme ne s'arrêta plus dans les combinaisons de toilette qui modifiaient si étrangement sa tête. Ce que les élégantes introduisirent dans leurs coiffures nécessiterait un volumineux catalogue.

Les perruquiers étaient devenus tout à la fois architectes, serruriers, mécaniciens, jardiniers pour ajuster poufs, crochets, fleurs, rubans, dentelles et pierreries, bois, or, argent, fil de fer. Ils coiffaient au *parterre galant*, au *casque à la Minerve*, au *hérisson*, à *quatre boucles*, à la *baigneuse*, à la *marmotte*, à la *fusée*, à la *paresseuse*, aux *aigrettes*, à la *Cléopâtre*, à l'*Eurydice*, à la *Raucourt*, au *Colisée*, à la *Port-Mahon*, au *berceau d'amour orné de fleurs*, etc [1].

Un jour, dit-on, la reine Marie-Antoinette, n'ayant pas d'ornements sous la main, jette à son coiffeur une paire de bas que celui-ci entortille galamment autour de ses cheveux en pyramide. A quelque temps de là, la frégate *la Belle-Poule* s'illustre dans un combat. Aussitôt Mme de Polignac se pose sur la tête une frégate dont les mâts montent jusqu'au plafond ; mais le chef-d'œuvre de ces excentricités est une coiffure de la duchesse de Chartres, mère de Louis-Philippe. Bachaumont l'a décrite avec malice ; à l'en croire cette coiffure contenait :

1° Une nourrice assise sur un fauteuil et tenant le duc de Valois sur ses genoux ; 2° Un perroquet becquetant une cerise ; 3° Un négrillon conduisant un chien en laisse ; 4° Une touffe de

---

1. Les curieux de ces sortes de menus détails peuvent lire l'*Encyclopédie carcassière, ou Tableaux des coiffures à la mode, gravés sur les dessins des Petites maîtresses de Paris.* Paris, 1763. L'auteur se sert du mot *carcassière* pour caractériser l'armature en fil d'archal des coiffures de femmes.

D'après une gravure de l'époque.

cheveux du duc de Chartres, mari de la duchesse ; 5° Une autre touffe de cheveux du duc de Penthièvre, son père ; 6° Une troisième touffe de cheveux du duc d'Orléans, son beau-père ; 7° Quelques autres menus objets : chaises, tables et tableaux.

De ces coiffures on pourrait dire que les femmes en perdirent la tête, mais pour la plus grande joie des peintres de mœurs et des caricaturistes. Une pièce à succès, une romance fournissaient des motifs galants pour agrémenter la tête des femmes ; même un combat naval devenait une source d'accessoires nouveaux pour la toilette des belles.

Quand, en 1779, le comte d'Estaing remporta la victoire sur la flotte anglaise dans le combat de la Grenade, l'imagerie populaire, la caricature montrent quel enthousiasme national poussa la femme à introduire sur le sommet de sa coiffure un fort avec son artillerie menaçante.

C'est quelque chose qu'une mode, même bizarre, quand elle contribue à la fondation d'un petit musée historique sur la tête d'une femme. Nous ne pouvons voir malheureusement aujourd'hui que par la gravure la représentation des diverses pièces de ce musée. Cela suffit. Il n'est pas de tableaux officiels ni de peintres d'apparat qui donnent une idée des modes de cette époque comme certaines images coloriées d'alors, qui, dans leur crûdité, rappellent le sans-façon de la nature champêtre.

On aimait à cette époque la couleur vive appliquée

aux estampes. Les aimables personnes, qui sont représentées allant au bois de Boulogne et qui sont tout à coup arrachées à leurs coursiers par une branche d'arbre s'introduisant dans la pyramide de leur coiffures, ces dames de montre-tout laissent entrevoir, dans leur situation d'Absalon femelles, diverses beautés auxquelles le vif incarnat du coloris n'a fait qu'ajouter de l'agrément : de petits pieds dans leurs mules à hauts talons, des bas blancs bien tirés, des jarretières provoquantes, des jambes roses et des rondeurs alléchantes inconnues à mademoiselle Sarah-Bernhardt.

Tout le XVIII<sup>e</sup> siècle se donnait à tire-larigot de l'égrillard et de la gravelure, pressentant l'orage politique qui grondait au loin. Et ce n'était pas seulement Paris que cette débauche de chevelure amusait ; les Anglais, les Allemands admiraient les facéties des graveurs français, s'en emparaient et les traduisaient un peu lourdement sans la pointe d'esprit des graveurs parisiens. La coiffure des femmes, grave évènement européen et non pas seulement d'un jour, dura deux ans et engendra des quantités de dessins, comme celui inédit que je trouve dans la collection Hennin et qui, dans la légère transparence de son lavis à l'encre de Chine, semble un canevas du théâtre de la Foire.

Une poursuivante acharnée de la mode porte sur sa tête une architecture si démesurée qu'elle atteint le second étage d'une maison. L'aménage-

COIFFURE CARCASSIÈRE

D'après une gravure de l'époque

ment de cette somptueuse perruque a nécessité la collaboration de deux petits amours pour la décorer de rubans et mettre la dernière main aux enroulements poudrés du sommet de la coiffure, ce qui permet à un galant, à sa fenêtre du premier étage, de remettre à l'un des petits amours perruquiers un billet doux que celui-ci ne manquera pas de donner à la dame quand il descendra des hauteurs de la pyramide : c'est tout un petit drame, une jolie scène de pantomime.

Mais il est une planche qui résume toutes ces frivolités, les condense et en fait un tableau développé et curieux. L'estampe a pour titre : *Le Triomphe de la Coquetterie*. Deux dames à la mode, habillées de paniers exorbitants et coiffées de chevelures extravagantes, sont en face, la lance en main, sur l'avant de deux bateaux prêts à se croiser. Elles se préparent à jouter pour obtenir le prix : une triomphante coiffure suspendue à un poteau près du quai, une coiffure avec tous les attifements connus et inconnus de la mode du jour.

Non loin des bateaux qui portent les deux adversaires est une barque chargée de joueurs de violon, de basses et de trompettes, n'attendant que l'issue du combat pour sonner la victoire. Victoire difficile, défaite honteuse à s'en rapporter à l'état piteux des précédentes jouteuses qui, tout à l'heure, sont tombées à l'eau, renversées par leurs propres lances et qui, le crâne nu et ras, font des mines désastreuses à la vue de leurs perruques enrubannées, voguant honteusement vers les filets de Saint-Cloud.

Sur le quai, aux fenêtres de toutes les maisons, sur les balcons, se pressent des femmes qui semblent les juges de ce singulier tournoi, connaisseuses émérites en tout cas, à en juger par l'étalage de leurs coiffures.

Ce *Triomphe de la Coquetterie* (le titre ne rend pas le sujet) est une gravure d'une certaine dimension traitée plus énergiquement que d'habitude; on y sent comme une influence d'Hogarth, un satirique qui n'est pas absolument tendre pour les femmes, et avec cette planche finit la série des coiffures à la mode.

Les caricaturistes en ont assez dit sur ce sujet. Ils introduisent dans leur lanterne magique, de nouveaux verres symboliques et non plus égrillards, graves plus que comiques, laissant les ridicules de côté pour guerroyer contre les abus, plus sarcastiques que plaisants, soucieux dans le grotesque, faisant de la lanterne un prétexte à gaieté populaire, riant jaune et se laissant aller à tous leurs emportements.

C'est la caricature qui, dans sa rancune, pose un pied brutal sur le seuil de la Révolution.

# TABLE ANALYTIQUE

Avertissement.

## CHAPITRE PREMIER

### LOUIS XII, FRANÇOIS Iᵉʳ, FRANÇOIS II

Le revers du jeu des Suisses. — *Le jeu de la Mère Sotte*, de Pierre Gringore. — Hardiesses de Rabelais et d'Érasme, à propos de la royauté. — Rabelais anti-protestant. — Priapée d'après François de Bonnivard. — Mascarade satirique en Touraine. . . . . . . . . . . . . .

## CHAPITRE DEUXIÈME

### LES FEMMES SOUS CHARLES VIII ET LOUIS XII

*Les quinze joies de mariage.* — La *Grant Diablerie* d'Éloy d'Amerval. — Abus de toilette des femmes en 1508. — Les *Livres des amis.* — L'*Arbre d'amour* et les filets des femmes. — La dispute de la culotte. — La vie domestique au moyen âge. . . . . . . . . . . . . . . 11

## CHAPITRE TROISIÈME

### UN RECUEIL DE FACÉTIES DESSINÉES AYANT APPARTENU A CATHERINE DE MÉDICIS

*Proverbes, adages, allégories* de l'époque de Louis XII. — Définition de la caricature, de la charge, de la satire, par Viollet-le-Duc. — « Il ne faut pas se brûler à la chandelle », proverbe traduit par un peintre de manuscrits. — Caricaturistes modernes, trop vaudevillistes. — Transpositions d'arts. — Les trois estats. — L'habit ne fait pas le moine. — L'abus des faveurs. . . . . . . . . . . . . . . . . 22

## CHAPITRE QUATRIÈME

### DE QUELQUES ESTAMPES SATIRIQUES POUR ET CONTRE LA RÉFORME

La roue de fortune en 1525. — Les paysans et les Romanistes. — Dissidences de Luther et d'Érasme. — Antoine Fromment et les *Actes de la cité de Genève*. — La *mappe romaine* de J. de la Ceriser. — *Représentation de la papauté* par Luther. — Images de Cranach le père. — Le pape et le *dreck* allemand. — Facéties et injures scatologiques. — Analogie de certaines estampes de la Réforme avec celles de la Révolution française. — Le cardinal Campège à Vienne. — Le *poème du loup*. — *Antithesa figurata vita Christi et Antechristi*. . . . . . . . . . . . . . 37

## CHAPITRE CINQUIÈME

### DU RIRE EMPLOYÉ PAR LA RÉFORME COMME MOYEN DE PROPAGANDE

Luther et Preudhon. — Injures grosses et joyeuses. — M. Audin, biographe de Luther. — La truie papale. — Les décrétales de Rome, d'après les *Propos de table*. — L'âne-pape et le veau-moine de Mélanchton et de Luther. — Analyse par MM. Michelet et Audin. — Wenceslas d'Olmültz. — Les traités de tératologie au xvie siècle.—Brandt et la *Nef des fous* . . . . . . . . . . . . . . . . . . . 55

## CHAPITRE SIXIÈME

#### PASQUIN ET MARFORIO VIS-A-VIS DE LA PAPAUTÉ

Le gallicanisme avant la Réforme. — La statue du tailleur Pasquin et Adrien VI. — *Histoire satirique des Papes*. — Emblèmes figuratifs de corporation. — L'Italie et les pamphlets luthériens. . . . . . . . . . . . . . . . 69

## CHAPITRE SEPTIÈME

#### CARICATURE CONTRE LUTHER

La caricature, arme à deux tranchants. — Noël satirique d'Emser.—Luther et Catherine de Bora colportant la Bible. — *Historich-Grotesk-Komischer* d'Ebeling. — Les *Centuries* de Nas en 1564. — Singulières images du recueil de Controverses religieuses du docteur Conrad Wimpfina. — Égards de Luther pour la femme. . . . . . . . . . . 79

## CHAPITRE HUITIÈME

#### CARICATURES CONTRE CALVIN ET LES RÉFORMÉS

Médailles satiriques de 1537 à 1547. — Le père Jobert et la *Science des médailles.*—Manuscrit du *De tristibus Galliæ*. — Stalle de l'église Saint-Sernin.— Calvin le porc. — Opinion de Viollet-le-Duc. — Fête catholique contre les protestants . . . . . . . . . . . . . . . . . . . 87

## CHAPITRE NEUVIÈME

### ANATOMIE DU LAID, D'APRÈS LÉONARD DE VINCI

Plaisante humeur de Léonard. — Lanzi et Vasari. — Léonard de Vinci fabrique un lézard ailé. — Fantaisies d'Holbein et d'Albert Durer. — Léonard outre à plaisir la laideur humaine. — Le maître italien sans pitié pour la femme. — Lavater et le docteur Duchêne de Boulogne. — Poursuite et idéal du laid. — Enseignements pour se souvenir de la forme d'un visage. — La comtesse Marguerite gueule-de-sac au Musée de Versailles. — Erreur de Louis-Philippe et de M. Gavard. — Du sérieux de la caricature. — Léonard de Vinci, sectateur de la tératologie. . . . . . . . . . 98

## CHAPITRE DIXIÈME

### CATHERINE DE MÉDICIS

Les calvinistes et Catherine de Médicis. — Ce que faisaient le cardinal de Lorraine, la reine-mère et la duchesse de Guise dans un tableau attribué à Michel-Ange. — Substitution de tableaux satiriques à des œuvres de maître. — *Le Réveille-matin des François*. — Portrait de Catherine de Médicis, par Brantôme. — L'escadron volant de la reine. — Tapisserie satirique de Jeanne d'Albret. . . . . . . 122

## CHAPITRE ONZIÈME

### HENRI IV ET LA LIGUE

Le grand-père et la grand-mère d'Henri de Béarn. — Chants des soldats avant la bataille. — Devise de Jeanne d'Albret. — Septicisme religieux du prince. — La guerre terminée par un duel à champ-clos entre prétendants. — Badinages galants des grands politiques. — Étude sur le nez et le chapeau d'Henri IV. — Pulcinella. . . . . . . . . . . . 132

## CHAPITRE DOUZIÈME

### LA LIGUE

Farce de l'impôt des tailles à l'hôtel de Bourgogne. — Naissance, effet, déclin de la Ligue. — *Les Gourmeurs* de Villamena. — La pauvreté d'Henri IV répond au cœur du peuple. — *Le Mariage d'argent*, de Matonnière. — Opinions de quelques philosophes touchant le mariage.—Bonhomie bourgeoise sous le règne d'Henri IV. . . . . . . 146

## CHAPITRE TREIZIÈME

### LES GRAS ET LES MAIGRES. — LE DUEL DE CARÊME PRENANT ET DES ANDOUILLES

Les coulisses de l'érudition au xvi$^e$ siècle. — *La Bella Helena* des Italiens et *la Belle Hélène* des vaudevillistes. — *Catin nourrice et Goguelu fripon?* — Symbolisation des saisons par des figures humaines. — *Les gras et les maigres* de Breughel.—Le gras, mine de gaieté; le maigre, mine de tristesse. — *Bataille de Carême et de chairnage*, fabliau. . . . . . . . . . . . . . . . . . . . 158

## CHAPITRE QUATORZIÈME

### LES GRAVEURS ET MARCHANDS IMAGIERS POPULAIRES DES XV$^e$ ET XVI$^e$ SIÈCLES

Léonard Odet de Lyon, Anthoine du Breuil, Jean Le Clerc, Isaac Lagniet, François Jolain.— *Proverbes* de Lagniet.— Nicolas Matonnière et le *Livre des peintres*. — Montmaur le Parasite. — Grêle d'épigrammes des poètes ses contemporains. — M. Le Goguelu. — Les *salmigondis* au xvii$^e$ siècle.— La caricature de mœurs à la même époque. . . 171

## CHAPITRE QUINZIÈME

### CARICATURES CONTRE LES ESPAGNOLS

*La Ménippée*, œuvre nationale. — O Paris qui n'es plus Paris ! — Analogie avec la Commune. — Description de caricatures par le savant Naudé. — Les images des Charniers Saints-Innocents — *A rats et Arras*. — Chanson sur le fameux Mignolet . . . . . . . . . . . . . . . 183

## CHAPITRE SEIZIÈME

### LES CONCINI

Concini, Louis XIV, Law en proie à la caricature. — Sous la Fronde pas de caricatures. — Mythologie des emblèmes de Coyon, estampe populaire contre les Concini. . . . 195

## CHAPITRE DIX-SEPTIÈME

### CALLOT ET THÉODORE DE BRY

Benvenuto Cellini, Salvator Rosa, Callot, personnages romanesques. — Feu, fougue, génie, attribués gratuitement au graveur lorrain. — Dessins de jeunesse de Callot. — Le *Balli di Sfessania*, manque de variété comique. — Diderot et le *paradoxe du comédien*. — Opinion sensée de Mariette. — Abus de crépitation et de lunettes. — Callot peut-il marcher réellement de pair avec le Dante et l'Arioste ? Jérôme Bosch, Breughel le Drôle et les peintres de manuscrits. — Lettres ornées des Livres d'heures. — Opinions de convention . . . . . . . . . . . . . . . . 205

## CHAPITRE DIX-HUITIÈME

### LA CARICATURE SOUS LOUIS XIV

Les masques à la cour. — Plaisanterie archaïque des cornes, contée par Saint-Simon. — Louis XIV et la veuve Scarron le *Malade imaginaire* et Madame Pernelle. — Correspondance de la princesse Palatine. — *Traité des doigts, de leurs fonctions et de leur signification politique.* — Médailles satiriques. — Abus des bassins, chaises percées, seringues, à la cour. — Eustache Le Noble, gazetier satirique. — *Les travaux d'Hercule*, pamphlet de 1694. — *Les héros de la Ligue* ou *la procession monacale*. — Opinion de M. Léon de Laborde. — *Renversement de la morale chrétienne par les désordres du monachisme.* — Analogie avec les motifs symboliques de la Réforme. — Les *anti-lardonniers* de Vauban. — La République de Hollande banquière. — Trop d'écriture, pas assez de caricature . . 222

## CHAPITRE DIX-NEUVIÈME

### CARICATURE DE LA RÉGENCE. — LAW

Het groot Tafereel der Dwasheit. — Le bouillon des marchands d'images. — Grandeur et décadence de Law d'après ses portraits. — L'économiste aventureux. — La dette de deux milliards du « Siècle de Louis XIV ». — Les actionnistes de la rue Quincampoix. — Comparaison avec la Bourse. — Les dessinateurs de Hollande. — La *Fortune des actions* de Bernard Picart. — Pas d'invention chez les caricaturistes de second ordre. — Recette pour venir en aide à leur pauvreté d'imagination . . . . . . . . . . . 245

## CHAPITRE VINGTIÈME

### LES JÉSUITES

Loyola, plus dangereux que Calvin pour la cour de Rome. — Le pape noir. — *Monita secreta.* — Iconographie de la compagnie de Jésus. — Sectaires de Molina, bilieux, visionnaires, jamais gras. — Querelles des Jésuites et des Jansénistes . . . . . . . . . . . . . . . . . . . . . . . 268

## CHAPITRE VINGT-UNIÈME

### VOLTAIRE ET FRÉRON

Crimes de Denon envers Voltaire. — L'auteur de *Zaire* n'aime pas les magots. — Voltaire se défie du peintre Hubert. — Différents airs en trente têtes de M. de Voltaire. — Le châtelain de Ferney préfère, en matière de statue, le marbre au chocolat. — Fréron caricaturé. — Il se fait ombre, lierre, larve, acarus. — Voltaire vengé par un dessinateur de vignettes . . . . . . . . . . . . . . 278

## CHAPITRE VINGT-DEUXIÈME

### LES SCIENCES ET LES ARTS

Diderot et les peintres de son temps. — Les petits abbés, critiques d'art. — Rancunes terribles de Cochin. — *Les Misotechnites aux enfers.* — Caylus et Lafont de Saint-Yenne. — *L'assemblée des brocanteurs.* — L'architecte à la grecque. — Débuts de Mesmer à Paris. — Système de l'influence des corps célestes sur le système nerveux. — Le baquet mesmérien. . . . . . . . . . . . . . . 290

## CHAPITRE VINGT-TROISIÈME

### LES COIFFURES DE FEMMES

Perruquiers, architectes, mécaniciens, jardiniers, carcassiers. — Coiffures de Marie-Antoinette, de M<sup>me</sup> de Polignac, de la duchesse de Chartres. — Imagerie populaire coloriée. — Les jeunes dames de montre-tout. — Coiffure équivalant à un scenario de pantomime. — *Le triomphe de la coquetterie.* — Joute sur l'eau entre femmes à la mode. — Lanterne magique des caricaturistes. — A l'égrillard de 1775 succède le sérieux de 1789. . . . . . . . . . . . . . 302

# TABLE DES GRAVURES

Frontispice. L'*Habit ne fait pas le moine*. . . . . . . . . .
Lettre ornée. . . , . . . . . v
Cul-de-lampe . . . . . . . xiii
Lettre ornée. . . . . . . . . 1
La mort, la guerre, la pauvreté, la femme, d'après un dessin de manuscrit. . . . . . 5
Détail d'un manuscrit flamand de 1542 . . . . . . . . . . 10
*Le Livre des amis*, manuscrit du xvie siècle. . . . . . . 14
Hommes pris dans les filets des femmes . . . . . . . . . 16
La dispute de la culotte, stalle de Rouen. Dessin de J. Adeline . . . . . . . . . . . 18
La chandelle, d'après un dessin du manuscrit de Catherine de Médicis . . . . . . . . . 27
Fragment d'un dessin du même manuscrit. . . . . . . . . 33
Fac-simile d'une gravure des *Actes de la cité de Genève*, vers 1548 . . . . . . . . 43
Détail du frontispice de la *Mappe romaine*. . . . . . . . . . 45

Second détail du même frontispce : *la Conception romaine*. . . . . . . . . . . . 46
Autre détail du même frontispice . . . . . . . . . . . 47
Frontispice du *Poéme du loup* (1530) . . . . . . . . . . 51
Fac-simile d'une gravure de l'*âne-pape* (1523). . . . . 61
D'après la gravure de Wenceslas d'Olmütz (1496). . . . . . 66
*Hicoscula pedibus papæ figuntur*, d'après une ancienne gravure allemande. . . . . . 70
*Gorgoneum caput*, d'après une estampe allemande du xvie siècle. . . . . . . . . . . . 75
Luther et la nonne Catherine de Bora, d'après une estampe de 1580. . . . . . . . . . . 81
D'après une miniature du *De tristibus Galliæ* . . . . . 91
Détail de la stalle de Saint-Sernin, croquis de Viollet-le-Duc . . . . . . . . . . . 95
Stalle de Saint-Sernin, à Toulouse. . . . . . . . . . . . 96

Fac-similé d'un croquis de Léonard de Vinci...... 101
Fac-similé d'un dessin attribué à Albert Durer...... 104
Fac-similé d'un dessin de Léonard de Vinci...... 107
— — .... 109
— — .... 111
— — .... 116
— — .... 119
Nous sommes trois, d'après une ancienne estampe allemande............ 127
Henri IV, d'après une gravure de Golztius......... 133
L'Espagnol, fragment d'une gravure de L. Richer.... 139
Naissance de la Ligue, d'après une estampe de 1594 .. 147
Effet de la Ligue....... 149
Déclin de la Ligue..... 150
Les Gourmeurs, d'après Villamena, grav. par Marie Champfleury.......... 155
Inverno, d'après une ancienne gravure italienne .... 162
Les gras, d'après Breughel. 164
Mardi gras et carême, d'après une ancienne estampe hollandaise........... 167
Montmaur le Parasite, d'après une ancienne vignette . 175
Monsieur Le Goguelu, d'après une ancienne gravure.. 181
Le François, l'Espagnol, d'après le recueil de Lagniet.. 187
Prise d'Arras, d'après le recueil de Lagniet........ 191
Mythologie des emblèmes de Coyon........... 197
— — .... 199
— — .... 203
Détail du *Capitaine des folies* de Théodore de Bry... 206
*Varia figure gobbi*.... 211
Fragment de la *Tentation* de Callot, gr. par Marie Champfleury........... 213
Détail de la *Tentation* de Callot............. 215
Autre détail de la même planche............ 216
D'après Théodore de Bry. 217
Lettre ornée d'un Livre d'heures............. 218
Vignettes d'après un manuscrit flamand du xvi° siècle. 219
Louis XIV, d'après une caricature hollandaise..... 225
Médaille d'après Van Loon. 230
Milord Grue et le bourgmestre Oizon........... 233
Louis XIV au lit de mort, d'après une caricature hollandaise............ 237
Portrait de Law, d'après une estampe hollandaise... 247
Fragment d'une planche du Het groot tafereel der dwasheit. ............. 251
Fragment d'une gravure hollandaise du commencement du xvii° siècle...... 257
L'île des fous, d'après une gravure hollandaise..... 263
La roue de fortune.... 265

| | |
|---|---|
| Instructeur des acteurs du tombeau de M. Paris . . . . 271 | La Renommée, d'après une vignette de 1761. . . . . . 285 |
| Les Jésuites, d'après une estampe du xviii$^e$ siècle. 274 | L'architecte à la grecque. 291 |
| Voltaire, d'après un croquis d'Hubert. . . . . . . . 280 | Fac-similé d'une vignette de Cochin. . . . . . . . . . 295 |
| Voltaire jouant la tragédie, d'après Hubert . . . . . . 282 | Électricité, magnétisme, aérostation, d'après une vignette de l'époque. . . . . . . 299 |
| Voltaire en bonnet du matin, d'après Hubert. . . . . 283 | Coiffure à la mode. . . . 307 |
| | Coiffure carcassière. . . . 311 |

Librairie E. DENTU, Galerie d'Orléans, Palais-Royal

# HISTOIRE
## DE LA
# CARICATURE ANTIQUE
### Par CHAMPFLEURY

3e édition. — 1 vol. grand in-18, illustré de 100 gravures. — Prix : 5 fr.

M. François Lenormant, dans *le Correspondant*, parle « du zèle et des soins scrupuleux avec lesquels M. Champfleury a colligé tous les monuments connus jusqu'à ce jour de l'art caricatural des anciens; des observations fines et ingénieuses dont le texte est rempli et auxquelles d'excellentes figures intercalées presque à chaque page donnent un intérêt de plus. »

L'éditeur ne peut mieux donner une idée des améliorations apportées à l'*Histoire de la caricature antique* que par un détail :

La première édition contenait 248 pages et 62 gravures.

La troisième édition contient 332 pages et 100 gravures.

Librairie E. DENTU, Galerie d'Orléans, Palais-Royal

# HISTOIRE
### DE LA
## CARICATURE AU MOYEN AGE
### ET SOUS LA RENAISSANCE
#### PAR
### CHAMPFLEURY

Deuxième édition — 1 vol. grand in-18, illustré de 144 vignettes
Prix : 5 fr.

Elle était considérable la besogne d'élucidation des motifs troublants de la décoration des édifices religieux et civils au moyen âge et sous la Renaissance ; aussi l'architecte le plus éminent en ces questions, M. Viollet-le-Duc, donnait-il dans une Revue spéciale une étude trop développée des travaux de M. Champfleury pour pouvoir être citée ici.

Ayant rempli gravement sa difficile mission, l'auteur appelait ainsi l'attention des savants et des érudits. S'il détruit un certain nombre de préjugés, s'il combat tant d'opinions traditionnelles, l'auteur de *la Caricature au moyen âge* ne se présente qu'avec des preuves gravées, et n'est-ce pas à M. Champfleury qu'on doit la découverte du véritable auteur des figures satiriques attribuées jusqu'ici à Rabelais par les commentateurs ?

Librairie E. DENTU, Galerie d'Orléans, Palais-Royal

# HISTOIRE
### DE LA
# CARICATURE
### SOUS LA RÉFORME ET LA LIGUE
### — LOUIS XIII A LOUIS XVI —
#### PAR
### CHAMPFLEURY

1 volume, grand in-18

Avec 78 gravures et un frontispice en couleur

PRIX : 5 FR.

**LIBRAIRIE E. DENTU**
Galerie d'Orléans, Palais-Royal

# HISTOIRE
### DE LA
# CARICATURE
## SOUS LA RÉPUBLIQUE
### L'EMPIRE ET LA RESTAURATION
#### 2ᵉ ÉDITION

*1 volume grand in-18, orné de nombreuses gravures
et d'un frontispice en couleur — Prix : 5 fr.*

La critique française et étrangère a rendu justice à ce travail de M. Champfleury, qui était peut-être le plus difficile de la collection. Il fallait montrer le foyer d'où partaient les innombrables images révolutionnaires

ou royalistes. C'est ce que l'auteur a trouvé à Paris, en province et hors de France. Qui voudra étudier maintenant l'hostilité anglaise contre la République et l'Empire devra recourir à ce volume, qui est terminé par les images des libéraux contre les tendances des Jésuites, avec un aperçu satirique des modes et des plaisirs de la Restauration.

**Librairie E. DENTU, Galerie d'Orléans, Palais-Royal**

# HISTOIRE
## DE LA
# CARICATURE MODERNE
### Par CHAMPFLEURY

2ᵉ édition. — 1 vol. grand in-18, illustré de 118 vignettes.

Prix : 5 fr.

« Ce livre est la suite et le complément du livre sur *la Caricature antique*. La lacune qu'il avait à combler dans l'esthétique est énorme, et c'est un véritable acte de courage que d'avoir tenté et mené à bien une série d'études sur des matières aussi délicates. Académies et clubs, gens sérieux et esprits futiles, fonctionnaires et bohèmes, politique et religion, tout est du domaine du caricaturiste.... M. Champfleury a particulièrement étudié les types du *Robert Macaire*, d'Honoré Daumier; du *Mayeux*, de Traviès; du *Joseph Prudhomme*, d'Henry Monnier. Il y a, distribués dans  le texte, une quantité considérable de clichés des meilleurs croquis de ces artistes, gravés dans leur meilleur temps par leurs meilleurs graveurs. » (Ph. Berty, *Chronique des arts*.)

La première édition contenait 86 vignettes ;
La seconde édition est ornée de 118 vignettes et d'un frontispice en couleur.

Librairie E. DENTU, Galerie d'Orléans, Palais-Royal

# HISTOIRE
## DE
# L'IMAGERIE POPULAIRE
### Par CHAMPFLEURY

1 volume grand in-18, illustré de 38 gravures. — Prix : 5 francs

#### SOMMAIRE DES PRINCIPAUX CHAPITRES

*Le Juif-Errant. — Histoire du bonhomme Misère. — Crédit est mort. — La Farce des bossus. — Lustucru. — Le Moine ressuscité. — La Danse des morts en 1849. — L'Imagerie de l'avenir.*

« Toutes les éditions populaires de la légende donnent des portraits du Juif-Errant d'après un même modèle. Il serait digne d'un artiste et d'un antiquaire de remonter à la source et d'en découvrir l'auteur, » disait M. Ch. Nisard.

C'est ce qu'a fait M. Champfleury développant l'idée et cherchant en Flandre, en Allemagne, en Angleterre et en Norwége, les ramifications des anciennes images populaires.

MÊME SÉRIE (EN PRÉPARATION)

**Chants, légendes et traditions populaires de la France.**
2 vol. in-18, illustrés.

Librairie E. DENTU, Galerie d'Orléans, Palais-Royal

# HISTOIRE
DES
# FAÏENCES PATRIOTIQUES
SOUS LA RÉVOLUTION

PAR

## CHAMPFLEURY

Troisième édition avec 100 gravures et marques nouvelles
1 vol. in-18. — 5 fr.

Ce livre, plein d'indépendance et à travers duquel souffle un vent de liberté républicaine, se rattache à la série d'art populaire sous toutes ses formes, que recherche M. Champfleury avec patience. Ce que le peuple chantait, le sentiment de croyance auquel il obéissait, les révoltes qu'il traduisait par un burin satirique, ses aspirations à l'égalité et à la fraternité, se retrouvent dans les diverses publications du même auteur, mais non pas affirmés et exprimés aussi nettement que dans l'*Histoire des faïences patriotiques*. C'est pourquoi, en présence du grand succès de cet ouvrage, l'auteur a apporté à chaque édition les soins qui lui sont habituels pour répondre de son mieux aux encouragements du public.

Librairie E. DENTU, Galerie d'Orléans, Palais-Royal

## CHAMPFLEURY

# HENRY MONNIER

## SA VIE, SON ŒUVRE

Avec un Catalogue complet de l'Œuvre

Et cent gravures fac-simile

1 VOL. IN-8°

Librairie E. DENTU, Galerie d'Orléans, Palais-Royal

# CHAMPFLEURY

## SOUVENIRS & PORTRAITS
### DE JEUNESSE

Masques et travestissements. — Henry Murger. — Paysages et horizons. — Comédiens de province. — Courbet. — La ville des flûtes. — Le billard de la citadelle de Laon. — Baudelaire. — Aventure d'un agent de police. — La Bohême. — Bonvin. — Amourettes. — Brumes et rosées. — Notes intimes. — Proudhon. — Veuillot. — Victor Hugo. — Sainte-Beuve.

2$^{me}$ Edition. — 1 vol. in-18. — 3 fr. 50

LE
## VIOLON DE FAIENCE
Nouvelle édition

AVEC ILLUSTRATIONS EN COULEURS ET EAUX-FORTES

1 vol. in-8°. — Prix : 25 fr.

Librairie E. DENTU, Galerie d'Orléans, Palais-Royal

# CHAMPFLEURY

# CONTES DE BONNE HUMEUR

## LE SECRET DE M. LADUREAU

2ᵉ édition. 1 volume grand in-18............ 3 fr.

## LA PETITE ROSE

1 volume grand in-18...................... 3 fr.

## SURTOUT, N'OUBLIE PAS TON PARAPLUIE

1 volume grand in-18...................... 3 fr.

---

DU MÊME AUTEUR

## L'HOTEL DES COMMISSAIRES-PRISEURS

1 volume grand in-18...................... 3 fr.

## L'AVOCAT TROUBLE-MÉNAGE

2ᵉ édition. 1 volume grand in-18............ 3 fr.

Librairies E. DENTU, Galerie d'Orléans, Palais-Royal

# SCÈNES POPULAIRES

## Dessinées à la Plume

PAR

## HENRY MONNIER

Nouvelle édition illustrée par l'auteur

2 beaux volumes in-8° de 650 pages chacun

PRIX : 20 FRANCS

Librairie E. DENTU, Galerie d'Orléans, Palais-Royal

# COLLECTION GRAND IN-18 JÉSUS

| | | |
|---|---|---|
| Bonnassies. | Les Spectacles forains. 1 vol. avec eaux-fortes.................. | 4 » |
| Alfred Delvau. | Les Barrières de Paris. 1. vol. avec eau-forte..................... | 5 » |
| Desnoiresterres. | Les Cours galantes. 4 vol....... | 12 » |
| Paul Foucher. | Les Coulisses du Passé. 1 vol..... | 3 50 |
| Victor Fournel. | Ce qu'on voit dans les rues de Paris. 1 vol................ | 3 50 |
| — | Les Spectacles populaires et les artistes des rues de Paris. 1 vol... | 3 50 |
| Édouard Fournier. | La Comédie de Jean Labruyère. 2 v. | 6 » |
| — | Histoire du Pont-Neuf. 2 vol...... | 6 » |
| — | L'Esprit dans l'Histoire. 1 vol..... | 3 50 |
| — | L'Esprit des autres. 1 vol........ | 3 50 |
| Ed. et J. de Goncourt. | L'Amour au xviiie siècle. 1 vol. avec eaux-fortes................... | 5 » |
| — | Sophie Arnould. 1 vol. avec eaux-fortes.......................... | 10 » |
| Jules Janin. | La Fin d'un Monde et le Neveu de Rameau. 1 vol................. | 3 50 |
| Auguste Le Page. | Les Cafés politiques et littéraires. 1 vol........................ | 2 » |
| Charles Nisard. | Des Chansons populaires. 2 vol... | 10 » |
| Charles Poisot. | Histoire de la Musique en France. 1 vol........................ | 4 » |
| Un Monsieur de l'orchestre. | Soirées parisiennes, chaque année 1 vol........................ | 3 50 |
| Georges d'Heilly. | Dictionnaire des Pseudonymes. 1 v. | 6 » |
| — | Journal intime de la Comédie-Francaise. 1 vol................ | 6 » |
| Heuzey. | Curiosités de la Cité de Paris. 1 vol. | 3 50 |
| Lorédan Larchey. | Dictionnaire historique de l'argot parisien. 1 vol............... | 6 » |
| A. de Lassalle. | L'Hôtel des Haricots. 1 vol. illust. | 3 » |
| Firmin Maillard. | Histoire des Journaux pendant la Commune. 1 vol................ | 3 » |
| — | Les Affiches pendant la Commune. 1 vol......................... | 3 » |
| Saulière. | Les Leçons conjugales, 1 vol. avec eaux-fortes.................. | 10 » |
| Charles Yriarte. | Les Célébrités de la rue. 1 vol. ill. | 3 5 |

www.ingramcontent.com/pod-product-compliance
Lightning Source LLC
Chambersburg PA
CBHW060455170426
43199CB00011B/1220